U. Conrad: Mehr verdienen

Uwe Conrad

Mehr verdienen

Das Motivationsbuch für Immobilienverkäufer

RENTROP
VERLAG

Der Autor dankt Herrn Wolfgang J. Hütter für seine freundliche Mithilfe.

CIP-Titelaufnahme der Deutschen Bibliothek
Conrad, Uwe : Mehr verdienen: das Motivationsbuch
für Immobilienverkäufer / Uwe Conrad.
- 1. Aufl. -
Bonn : Rentrop, 1990
ISBN 3-8125-0146-5

1. Auflage August 1990

Satz: Lichtsatz Jürgen Gluske, Köln
Druck: Druckerei Laub, Elztal-Dallau
Umschlaggestaltung: Thomas Lutz, Bernkastel-Kues
Lektorat: Reinhard Fey, Bonn
Herstellungsleitung: Monika Graf, Bonn
Objektleitung: Detlef Reich, Bonn

Verlag Norman Rentrop, Theodor-Heuss-Str. 4, 5300 Bonn 2,
Tel. 0228/82050, Telex 17228309 (ttx d), Teletex 228309 = rentrop,
Telefax 0228/364411
ISBN 3-8125-0146-5

Inhalt

Vorwort

Kann man eigentlich im Leben wirklich sein Glück machen, wie es uns allen vorschwebt? Und kann man es mit etwas so nüchternem, so profanem wie mit Immobilien?

Ja, man kann. Viele haben es schon vorgemacht, und auch Sie können Ihr Glück mit Immobilien machen. So wie Norbert E., dessen Erfolgsstory Uwe Conrad für Sie in diesem Buch aufgezeichnet hat. Denn der Aufstieg von Norbert E. ist zwar mit dichterischer Freiheit dargestellt, aber er ist an real existierenden Personen und Ereignissen orientiert. Der Norbert E. in diesem Buch trägt sicher einige autobiographische Züge des Verfassers, der ein erfolgreicher Profi im harten Geschäft des Immobilienverkaufs ist (und darüber zusammen mit Wolfgang J. Hütter ein ausgezeichnetes Sachbuch geschrieben hat: „Immobilien erfolgreich verkaufen"). Dazu kombiniert er in sich weitere Idealeigenschaften eines Verkaufsprofis.

Die Erfolgslaufbahn des Norbert E. ist fast ein Idealfall - aber eben nur fast. Auch er erlebt Rückschläge, auch er muß erleben, daß andere manchmal noch ein bißchen besser sind als er selbst. Auch er merkt, daß nicht alle seine Pläne sich reibungslos verwirklichen lassen.

Doch Norbert E. ist motiviert. Er denkt positiv. Er sieht die Probleme, aber er sieht auch, wie er sie überwinden kann. Er setzt sich Ziele und tut alles, um sie zu verwirklichen.

Und diese positive Grundeinstellung, dieses Streben nach vorn, nach mehr unterscheidet einen wirklich guten Immobilienverkäufer von der Vielzahl der durchschnittlichen Kollegen. In meiner langjährigen Praxis als Verkaufsleiter habe ich immer wieder festgestellt, daß zum wirklich großen Erfolg mehr gehört als die Beherrschung bestimmter Verkaufstechniken. Es braucht Persönlichkeit, Engagement und Motivation.

In diesem Sinne vermittelt das vorliegende Buch zahlreiche Anstöße zum Denken und Handeln – Anstöße, die Anfängern aber auch Profis im Immobilienverkauf zu mehr beruflichem Erfolg und zu mehr persönlicher Befriedigung verhelfen können.

Wolfgang Domakowski
Verkaufsleiter, Prokurist
Schwörer Haus GmbH & Co.

... auf ein Wort

Liebe Leserin, lieber Leser,

Sie haben heute ein etwas anderes Buch in Ihren Händen. Unkonventionell. Mit praktischen Beispielen aus dem täglichen Leben. Mit vielen Informationen und Checklisten. Für Erfolgreiche und solche, die es werden wollen. Für Anfänger und Profis gleichermaßen.

Wie gesagt – ein etwas anderes Buch. Aber: Kein Leitfaden für Leute, die auf die Schnelle mal „das große Geld“ machen wollen!

Und doch ist es auch in unserer Zeit noch möglich, durch den Verkauf von Immobilien reich und glücklich zu werden. Ja, Norbert E., die Hauptfigur in meinem Buch, hat es bis zur Spitze geschafft. Er hat sein Leben selbst in die Hand genommen, sich Ziele gesetzt, hart gearbeitet, richtige Entscheidungen getroffen und etwas erreicht!

Doch nicht von heute auf morgen.

Der Weg zum Erfolg war auch für Norbert E. nicht immer einfach. Und er hat ihn Zeit gekostet – über 20 Jahre! Von seinem Entschluß, die sichere Position bei der Bank aufzugeben, bis hin zum selbständigen, angesehenen, erfolgreichen Immobilienmakler mit großem Büro in der Frankfurter Innenstadt.

Über 20 Jahre von einem möblierten Zimmer mit Morgenkaffee bis zu seinem herrlichen Landhaus in erstklassiger Lage.

Über 20 Jahre von einem alten, klapprigen VW bis zu dem nagelneuen, knallroten Porsche-Cabrio, das er sich heute „nur so zum Spaß" leistet.

Da gab es Phasen, in denen er richtige Durchhänger hatte, Rückschläge wettmachen mußte, Enttäuschungen erlebte - aber auch Zeiten, wo der Spaß am Verkaufen ihn in richtige Glückszustände versetzte, wo die Arbeit ihm so richtig Befriedigung und Anerkennung brachte.

Wenn Sie mein Buch aufmerksam lesen, werden Sie feststellen, daß ich in den ersten Kapiteln auf die menschlichen Stärken, die verkäuferischen Fähigkeiten und die Kenntnisse eingehe, die Norbert E. aufbauen oder sich aneignen mußte, um seine ehrgeizigen Ziele zu erreichen. Später dann werden viele dieser Ausgangssituationen vertieft und weiter erklärt.

Die Checklisten, die Sie am Ende der Kapitel finden, sollen Ihnen dabei helfen, alle beschriebenen Lebens- und Lernphasen von Norbert E. auf sich selbst zu übertragen. Sie sind ein gutes Hilfsmittel, sich selbst zu prüfen.

Zu guter Letzt möchte ich es nicht versäumen, Ihnen viel Spaß beim Lesen zu wünschen - und dann Erfolg beim Umsetzen in die Praxis!

Ihr Uwe Conrad

Prolog:
LH 112 Los Angeles – Frankfurt

Er stellte die Rückenlehne mit einem Knopfdruck ganz nach hinten, so daß er fast lag. Für einen Moment schloß er die Augen, ein Gefühl der Behaglichkeit stieg in ihm auf. Als er die Augen wieder öffnete und aus dem Fenster sah, sah er in den blauen Himmel, und die Sonne schien ihm direkt ins Gesicht. Etwas tiefer konnte er die geschlossene Wolkendecke ausmachen.

„Wie schön", dachte er, „das sieht ja aus, als wäre es Watte."

Vor wenigen Augenblicken waren die Leuchtschilder mit der Aufschrift „No smoking" und „Fasten your seat belt" erloschen, und er suchte nun im Gepäcknetz vor sich nach seinen Zigaretten.

Es war nicht das erste Mal, daß er flog, aber jedesmal ergriff ihn eine leichte Nervosität, zumindest eine gewisse Zeit lang. Mit Sicherheit immer so lange, wie er angeschnallt in seinem Sessel sitzen mußte und die Maschine im Steigflug nach dem Start war.

Er zündete sich eine Zigarette an und blies den Rauch vor sich in die Luft.

„Kalifornien", dachte er, „Kalifornien haben wir nun auch erlebt. Ist schon wieder Historie. Können wir abhaken. Abhaken? Kalifornien und abhaken? Diese 14 Tage Kalifornien pur kann man nicht abhaken. Ausgeschlossen!“

Er hatte in seinem Leben schon manchen schönen Urlaub erlebt. Als Kind Nord- und Ostsee, Schwarzwald, und später dann, als er bei der Bank in der Lehre war, die ersten Auslandsreisen nach Italien und Spanien. Die Flugreisen kamen erst später. Da war er schon lange nicht mehr bei der Bank, sondern schon mittendrin im Verkauf von Eigentumswohnungen bei einer Frankfurter Vertriebsgesellschaft.

„Mensch, waren das Zeiten“, dachte er und mußte lächeln. Damals, Anfang der 70er Jahre hatte er Eigentumswohnungen verkauft, 4 Zimmer/Küche/Bad, 100 Quadratmeter, um die 150.000 DM, und das Ganze in feinster Vordertaunuslage.

Verteilt hatten sie damals. Verteilt, denn verkaufen konnte man das nicht nennen.

„Ja heute, heute muß man schon verkaufen, heute muß man sogar sehr hart verkaufen“, dachte er weiter. „Mit damals überhaupt kein Vergleich. Auch die Zahlen haben sich seit damals erheblich verändert. Sechs, acht, sogar manchmal zwölf Eigentumswohnungen pro Monat waren damals keine Seltenheit. Heute – wenn der Vergleich überhaupt möglich ist – braucht man dazu ein halbes Jahr.“

Die Stewardess riß ihn aus seinen Gedanken: „Darf ich Ihnen einen Kopfhörer anbieten?“ fragte sie mit gekonnt strahlendem Lächeln.

„Sie dürfen – aber gern“, lächelte Norbert E. zurück und setzte den Kopfhörer auch sofort auf. An der Armlehne hatte er ein Rädchen, mit dem er das Musikprogramm auswählen konnte.

Bei den Beatles blieb er hängen. Er mußte lächeln: „Ist doch richtig gemütlich hier, fast wie zu Hause. Fehlt nur das offene Kaminfeuer und der Whisky."

Als hätte sie es gehört, stand nunmehr eine zweite Stewardess vor ihm und bot ihm etwas zu trinken an.

„Einen Scotch bitte", sagte er zu ihr. Warum sollte es auch etwas anderes sein? Er hatte ja eben erst daran gedacht.

Da saß er nun, eine Handbreit über den Wolken, und fühlte sich so richtig wohl.

„Ach", dachte er, „es ist doch richtig schön, auf so bequeme Art zu reisen." Aber er hatte das Gefühl, daß er in die falsche Richtung flog. Er würde gern wieder zurückfliegen, wieder in Los Angeles landen, sich wieder seinen Jeep nehmen, den er bei der Autoverleihfirma abgegeben hatte, und wieder ganz für sich allein Kalifornien erleben: Catch The Spirit!

Er in seinem Khakizeug, mit seinem täglich wachsenden Bart, in seinem Jeep, auf dem Highway No. 1. Er hätte sich ja auch eine ganz normale Limousine nehmen können, so richtig schön vollklimatisiert – aber nein, ein offener Jeep mußte her. Wahrscheinlich war er doch der Zigarettenwerbung unterlegen.

San Francisco, Morro Bay, Santa Barbara, Los Angeles, San Clemente, San Diego, selbst den kurzen

Abstecher über die mexikanische Grenze nach Tijuana hatte er nicht ausgelassen.

„14 herrliche Tage!“ Norbert E. seufzte. „Das werde ich bestimmt wiederholen“, schoß es ihm durch den Kopf. „Das mache ich unter Garantie nochmal, aber dann nehme ich mir mehr Zeit.“ Er hatte sich bei seinen Vorbereitungen ausgemalt, daß er mehr vom Landesinneren sehen könnte, daß er auch mal „schnell“ nach Nevada fahren könnte, es lag ja eigentlich auf dem Weg. Aber das sah auf der Karte auch nur so danach aus. Die unendliche Weite des Landes und Riesenentfernungen waren in den ersten Tagen für Norbert E. ein Problem.

Er, der es gewohnt war, die Strecke Frankfurter Kreuz bis Viernheimer Dreieck in kaum mehr als 30 Fahrminuten zu erledigen, sofern es der Verkehr erlaubte, sah sich hier auf dem Highway ganz locker und gelassen mit etwa 90 Stundenkilometern Kalifornien einatmen. Und wenn ihn jemand überholte, geschah dies mit vielleicht 95 Stundenkilometern. Alles easy und gelöst.

Er hätte ja auch eine Pauschalreise buchen können. Die gesamten USA in 15 Tagen. Aber so eine Art Urlaub mochte Norbert E. noch nie, immer hatte er viel mehr davon gehabt, wenn er nach seinen eigenen Vorstellungen, nach seinem eigenen Geschmack, sein Urlaubsland Stückchen für Stückchen erkundete. So hielt er es auch in diesem Urlaub. Er nahm sich vor, an einem Tag so weit zu fahren, wie es ihm gefiel, um sich dann ein Quartier zu suchen.

Norbert E. hatte es vermieden, Hotels von Deutschland aus vorzubuchen. Lediglich für seinen Ankunftstag in San Francisco und für den Vorabend seines Abflugs in Los Angeles reservierte er jeweils ein Zimmer.

Hätte er irgendwo einmal kein Quartier mehr bekommen, hätte es ihm auch nichts ausgemacht, in seinem Jeep zu übernachten. Für solche Fälle gehörte ein Schlafsack zu seinem Reisegepäck.

Genauso unkonventionell, wie es ihm einfiel, plötzlich vom Highway abzubiegen und den nächst erreichbaren Strand anzusteuern, um schnell mal im Pazifik ein paar Runden zu schwimmen, um sich dann wieder, als wäre nichts Außergewöhnliches passiert, hinter das Steuer seines Jeeps zu setzen und weiter nach Süden zu fahren.

„Es wird sicherlich wieder 14 Tage dauern, bis ich in Frankfurt, in meinem Büro, wieder Fuß gefaßt habe und mich der alte Trott wieder eingeholt hat", dachte Norbert E. und schaute aus dem Fenster über das unendliche Wolkenmeer hinweg.

„Es wird wieder so sein wie immer. Ich werde wieder morgens um neun Mitarbeiterbesprechung halten, wieder Briefe diktieren, meine Termine bis spät in die Nacht wahrnehmen, zwischendurch aus dem Auto heraus die Telefonate erledigen und mit meinen Verkäufern zusammen Häuser verkaufen, Häuser verkaufen und nochmals Häuser verkaufen."

Denn das, so wußte er, war die Voraussetzung für all die Dinge, die sein Leben jetzt so schön machten.

Auch Kalifornien, der Highway No. 1 war nur möglich geworden durch beinharten Einsatz.

Wie oft hatte er über die Leute lächeln müssen, die von seinem Beruf ein völlig falsches Bild hatten, die gemeint hatten, mit ein paar Telefonaten und einem Besuch ließe sich ein Haus verkaufen und sofort das große Geld machen.

Daß das Ganze mit sehr viel Vorbereitung und sehr viel Arbeit verbunden war, sahen diese Leute meistens nicht. Zum Glück nicht.

Norbert E. liebte seinen Beruf, der auch manchmal Berufung sein konnte. Denn in wie vielen Fällen war er es, der es letztlich schaffte, daß Familien endlich ihren alten Traum vom eigenen Heim verwirklichen konnten - etwa indem er alle Register seiner Finanzierungsmöglichkeiten zog.

Er hätte manches Geschäft nicht gemacht, wenn er nicht auch die letzte Chance ausgenutzt hätte, um die eine oder andere Finanzierung doch noch möglich zu machen.

Und mit welchem Hochgefühl er oft den Blumenstrauß zum Einzug in das neue Haus überbrachte und dann in den Augen eines neuen Hausbesitzers so eine Art Dankbarkeit ablesen konnte.

Dann war er immer zufrieden. Dann hatte Norbert E. das Gefühl: „Hier habe ich ganze Arbeit geleistet, hier hat es sich wieder einmal wirklich gelohnt."

Er mußte allerdings auch daran denken: An die vielen Leute, von denen er immer geglaubt hatte: „Jawohl, die kaufen! Bei denen ist die Finanzierung kein Problem, das Haus gefällt ihnen, die werden sicherlich kaufen" - und die dann Tage später absagten, aus irgendwelchen Gründen.

Wie hatten ihn diese Absagen am Anfang getroffen, hatte er doch fest mit einem Verkauf gerechnet. Und erst im Laufe der Jahre hatte er sich eine Verkäuferweisheit erarbeitet, die er auch heute seinen Mitarbeitern immer wieder predigte:

„Erfolge können wir nicht planen, sehr wohl aber unsere Aktivitäten. Wenn wir also davon ausgehen, daß ein Teil unserer Aktivitäten negativ verläuft und nur ein Bruchteil unserer Aktivitäten zum Erfolg führt, dann brauchen wir nur hochzurechnen:

Wenn wir zum Beispiel in einem Monat 6 Häuser verkaufen wollen, so wissen wir aus Erfahrung, daß wir hierfür mindestens 60 Kundenkontakte haben müssen - persönliche Gespräche mit den Interessenten."

Die Stewardess mit dem strahlenden Lächeln kam wieder vorbei, diesmal brachte sie das Essen. Und während des Essens dachte Norbert E. daran, wie er sich auf richtige Bratkartoffeln freuen würde.

Ja, er würde die gesamte Verkaufsmannschaft zu sich nach Hause einladen, und sie würden amerikanische Steaks mit Bratkartoffeln essen. Erika, seine Haushälterin, würde das machen. Da war er ganz sicher. An einem der nächsten Abende würde das schon klappen.

Ob Erika wohl die Blumen gegossen hatte? Doch, mit Sicherheit. Das hatte sie nicht vergessen. Erika war eine Perle. Seit er das neue Haus in der Nähe von Bad Homburg bezogen hatte, kümmerte sie sich um alles.

Es war vor eineinhalb Jahren fertig geworden, sein Traumhaus. Rolf, der Architekt, mit dem er schon seit Jahren befreundet war, hatte es ihm gebaut, auf einem traumhaft gelegenen 950 Quadratmeter großen Grundstück mit einem herrlichen Blick bis nach Frankfurt hatte er den Walmdachbungalow für Norbert E. entworfen.

Und Rolf hatte an alles gedacht: An die beheizte Auffahrt zur Garage, das sich per Sender öffnende Garagentor, den überdachten Weg zum Haus. Und dann die Inneneinrichtung:

Die große Eingangsdiele war mit hellen Natursteinplatten belegt, passend zu den stoffbezogenen Wänden. Zum Wohn-/Eßzimmer ging man drei Stufen hinab, fast gerade auf den großen Kaminplatz zu.

Der mit echten Bruchsteinen gemauerte Kamin machte das riesige Wohnzimmer erst richtig gemütlich. Wie oft hatten sie hier schon in froher Runde um den Kamin gesessen und sogar manchmal gegrillt.

Die gußeiserne Kaminplatte und die riesigen Ölgemälde an den Wänden hatte Rolf aus einem alten Schloß am Rhein besorgt.

Sagte er jedenfalls.

Die braune Ledergarnitur war auch wieder farblich auf den rustikalen Innenputz abgestimmt.

Zum Eßzimmer ging man wieder die drei Stufen hoch, und hier hätte jederzeit auch Ritter Artus'

Tafelrunde stattfinden können: Da stand ein riesiger bretonischer Eßtisch mit zwölf Stühlen, passend dazu, versteht sich.

Er hatte damals auf Erika gehört, als es daranging, die Küche zu planen: In der Mitte des Raumes stand die Herdkombination aus Gas- und Elektroherd, darüber der kupferne Dunstabzug bis zur Decke.

Von der Küche aus konnte man über die Terrasse, die sich auch vor Wohn- und Eßzimmer erstreckte, in den herrlichen Garten gehen.

In dem um zwei Bruchsteinstufen tiefergelegenen Swimmingpool schwamm Norbert E. im Sommer, bevor er ins Büro fuhr, seine ersten Bahnen.

Und weiter links davon, in der Mulde an der Birkengruppe, hatte Norbert E. einen kleinen Teich angelegt, so richtig mit Schilf und Seerosen.

Bis auf die Buchenheckenumzäunung des gesamten Grundstücks und eine Buschgruppe neben den Garagen hatte es Norbert E. bei der Bepflanzung des Grundstückes beim golftüchtigen englischen Rasen belassen.

In der großen Doppelgarage stand normalerweise Norbert E.'s Arbeitsauto, ein Mercedes 380 SE, silbergrau, mit schwarzen Lederpolstern und Telefon.

Vor kurzem erst gesellte sich ein rotes Porsche-Cabriolet dazu. Das hatte sich Norbert E. zu seinem Geburtstag spendiert. Er genoß es, an sonnigen Sonntagmorgen mit offenem Verdeck in den Taunus zu fahren. Zum Beispiel die schöne Strecke zum Feldberg im offenen Porsche – ein Gefühl zum Abheben.

Das war praktisch die einzige freie Zeit in der Woche, wo er sich so etwas erlauben konnte. Denn schon am Sonntagnachmittag war er wieder unterwegs, um von Baustelle zu Baustelle, von Musterhaus zu Musterhaus zu fahren.

Unter dem weitausladenden, reetgedeckten Walmdach verbargen sich die Schlafräume und das Bad. Hinter der großen Schwalbenschwanzgaube lag sein Schlafzimmer, direkt angrenzend an das große Bad. Auch hier hatte Norbert E. seinem Freund Rolf weitestgehend freie Hand gelassen. Der helle Marmor bildete einen guten Kontrast zu den dunklen Porzellaneinrichtungsgegenständen mit den vergoldeten Armaturen.

Das talseitige Untergeschoß des Hauses beherbergte Erikas Zweizimmer-Einliegerwohnung, ihr ganz privates Reich.

Ja, in seinem Haus lebte Norbert E. gerne und er war auch stolz drauf. Hatte er sich doch hier sein ganz privates Refugium verwirklicht, von dem er in den ganzen Jahren seiner Arbeit geträumt hatte.

Hierhin lud er oft und gern seine Freunde ein und hier hatte er auch Ruhe für seine Gedanken, die er für die Arbeit so dringend brauchte.

„Hoffentlich holt mich Bernd Hellmund auch pünktlich vom Flughafen ab. Es wird 20 Uhr sein, wenn wir landen. Um diese Zeit dürfte er eigentlich keine Probleme haben, aus der Stadt herauszukommen“, dachte Norbert E. und mußte lächeln.

Er sah Bernd Hellmund schon vor sich. Groß, schlank, topgestylter Haarschnitt, dunkelblauer Einreiher, englische Clubkrawatte. Er war so alt wie Norbert, so Mitte vierzig.

Bernd war noch von der ganz alten Garde übriggeblieben und stellte in Norbert E.'s Unternehmen heute den Starverkäufer dar. Er war jeden Monat gut für 3 bis 4 Kaufverträge. Und das schon seit Jahren. Ihn konnte so leicht nichts aus der Ruhe bringen, er war mit Norbert E. zusammen der „alte Hase" im Geschäft.

„Na, der wird Augen machen", dachte Norbert E. weiter, „wenn er mich so sieht. Lange, von der Sonne gebleichte Haare, meinen Vierzehntage-Bart – ich glaub', der erkennt mich gar nicht am Flughafen. Na, wir werden sehen."

Und wieder fiel Norbert E. in die Erinnerung. Die Erinnerung, die zwar gerade erst ein paar Stunden alt war, aber eben doch schon Erinnerung war. Die herrlichen Buchten auf seinem Weg in den Süden, die phantastischen Strände und die Bekanntschaften, die er auf seiner Reise gemacht hatte.

Da waren zum Beispiel John und Norma aus Vancouver. Sie kamen mit dem Wohnmobil von Kanada bis nach Kalifornien. Ein nettes Ehepaar, so um die dreißig. Er hatte sie in den Dünen von Pismo Beach kennengelernt.

Sie hatten sich auch so ein „Fun Rental" gemietet. Mit diesen Buggys mit Überroll-Bügel und Breitreifen fuhren sie durch die Dünen von Pismo Beach. Eine lustige Sache. Anschließend saßen sie zusammen beim Picknick im Sand und kamen schnell ins Gespräch.

John und Norma erlebten Kalifornien ähnlich wie er: Allein mit dem Wohnmobil unterwegs, entlang der Küste, auf dem traumhaften Highway No. 1.

Sie würden sich besuchen. Das hatten sie sich gegenseitig versprochen. Norbert E. würde, vielleicht im nächsten Jahr schon, nach Vancouver fliegen, und John käme bereits dieses Jahr geschäftlich nach Frankfurt.

Die Unterhaltungen, die Norbert E. zwangsläufig in Englisch führen mußte, verliefen eigentlich immer glänzend. Wie lange war es her, daß er in der Schule Englisch gelernt hatte und bis auf kleine Ausnahmen kaum Gelegenheit hatte, diese Sprache zu trainieren!

John aus Vancouver erinnerte ihn oft an Jürgen Normann, seinen zweiten Verkäufer, auch er von der Statur her eher untersetzt, dunkles Haar und leuchtend dunkle Augen. Vom Alter lagen die beiden auch gleich, so um die 35 herum, auch ähnelten sie sich im Wesen. Jürgen Normann hatte auch immer einen Scherz auf Lager, genau wie John.

Jürgen Normann war erst vor drei Jahren zu Norbert E. gestoßen. Er hatte früher Bausparverträge verkauft und von daher das fachliche Rüstzeug für den Verkauf von Immobilien mitgebracht. In diesen drei Jahren konnte sich Jürgen Normann ständig steigern, auch er machte heute seine drei bis vier Verträge pro Monat.

Norbert E. war mit seiner Truppe eigentlich recht zufrieden. Mit Jürgen und Bernd sowieso, das waren

Profis. Die übrigen drei waren nach seiner Ansicht noch in der Aufbauphase.

Sie waren völlig branchenfremd, als sie zum Immobilienverkauf kamen. Klaus Meier hatte vorher Küchen verkauft. Holger Weber war vorher Anzeigenvertreter einer Tageszeitung und Dieter Brandt hatte für ein rheinhessisches Weingut kistenweise die edlen Tropfen unters Volk gebracht.

Von Immobilien wußten die drei eigentlich nur, daß es Grundstücke, Eigentumswohnungen und Häuser gab, ein Grundbuch, ein Kataster und Notare. Ansonsten nichts. Norbert E. fand das gut so, denn er hatte herausgefunden, daß gerade die Leute, die sich am wenigsten mit Immobilien-Fachchinesisch behängten, den verkäuferischen Urinstinkt behielten.

Ja, es machte immer wieder Spaß, mit diesen fünf Leuten zusammenzuarbeiten.

Die morgendliche Besprechung bei Norbert E. im Büro war immer wieder die große Problembörse. Neben den Erfolgen - „Ich habe gestern abend wieder eine Reservierung geschrieben" - kamen auch deutlich die Schwierigkeiten auf den Tisch, die jeder am Tag zuvor mit Interessenten erlebt hatte.

Ob es nun Probleme mit der Finanzierung gab oder ob es andere Klippen zu umschiffen galt: In der Sechserrunde, wie man die morgendliche Besprechung nannte, wurde alles besprochen, und Norbert E. hatte nach jeder Besprechung das Gefühl: „Hier arbeitet ein Team, auf das ich mich verlassen kann."

Sein Büro lag in der Frankfurter Innenstadt in der Kaiserstraße, direkt gegenüber vom Roßmarkt. Es war eine gute Adresse im ersten Obergeschoß eines um die Jahrhundertwende gebauten Hauses, mit hellen freundlichen Räumen, nicht zu üppig, aber auch nicht zu sparsam ausgestattet. Räume, in denen seine Mannschaft Spaß an der Arbeit hatte und in denen sich die Kunden jederzeit wohl fühlen und vertrauensvolle Gespräche führen konnten.

Hier konnte man auch mal wichtige Leute empfangen, zum Beispiel Direktor Bergermann von der Hypothekenbank, einen Bekannten aus dem Golf-Club. Ihn hatte er im Club-Haus bei einem Glas Whisky kennengelernt. Später, während einer gemeinsamen Partie Golf, hatten sie über eine engere Zusammenarbeit gesprochen und sich für ein Gespräch in Norbert E.'s Büro verabredet.

„Ja, solche Kontakte sind immer wichtig", dachte Norbert E. „Da kann man mal wieder sehen, wie sich aus einem lockeren Gespräch beim Whisky an der Bar des Golf-Clubs eine fruchtbare Geschäftsbeziehung entwickelt!" Heute arbeiteten Norbert E. und sein Team eng mit Bergermanns Hypothekenbank zusammen. Jedes dritte von ihnen verkaufte Haus wurde jetzt von Bergermann finanziert.

Außer der Sechserrunde gab es in Norbert E.'s Büro noch Inge Stein, eine äußerst attraktive Dreißigerin, die aber für die Sechserrunde tabu war. Darauf hatte Norbert E. von Anfang an Wert gelegt. Inge Stein war die Seele des Geschäfts und die Sekretärin von Norbert E.

Nesthäkchen des Büros war Sybille Horn, die trotz ihrer erst 21 Lenze auf dem besten Wege war, eine ähnlich gute Kraft zu werden wie Inge Stein.

„Wenn ich mir vorstelle“, dachte Norbert E., „daß ich morgen wieder alle um mich haben werde, dann freue ich mich richtig darauf. Bin mal gespannt, was in der Zwischenzeit so alles gelaufen ist. Ob wir vielleicht doch jetzt die Reihenhauszeile in Bergen-Enkheim ausverkauft haben, welche neuen Objekte Bernd inzwischen akquiriert hat, das mußte er ja während meines Urlaubs alleine machen, und wieviel Anbahnungen aus der Zeit vor meinem Urlaub inzwischen positiv gelaufen sind ...“

„Meine Damen und Herren“, die Stimme der Stewardess mit dem strahlenden Lächeln meldete sich über Bordlautsprecher, „wir beginnen mit dem Landeanflug. Wir bitten Sie, das Rauchen einzustellen und sich anzuschnallen. Wir werden in zirka 10 Minuten in Frankfurt Rhein-Main landen.“

1. Ziele – Norbert E. auf dem Weg zum Erfolg

Es regnete in Strömen, als er die Bank um 16.45 Uhr verließ. Einer dieser grauen, verregneten Spätherbstnachmittage. Er schlug den Mantelkragen hoch, spannte seinen Schirm auf und lief Richtung Mainbrücke. Dort unten bekam er nämlich einen Parkplatz, vorausgesetzt, er war morgens vor 7.30 Uhr dort.

Sein alter VW war jetzt sieben Jahre alt und sah auch entsprechend aus. Er hatte ihn kurz nachdem er die Kaufmannsgehilfenprüfung bestanden hatte gekauft. Seine Eltern gaben ihm damals die Hälfte dazu.

Der Wagen sprang erst beim dritten Versuch an.

„Scheint wohl an der Feuchtigkeit zu liegen", dachte Norbert E. und schlug den Weg Richtung Bockenheim ein.

Unterwegs kaufte er im Supermarkt noch ein paar Sachen für das Abendessen ein: ein Pfund Brot, ein wenig Wurst und Käse.

Auf der Bockenheimer Landstraße hatte er immer Angst, mit den Vorderrädern auf die Straßenbahnschienen zu kommen. Gerade bei diesem Wetter. Und jetzt noch eine rote Ampel. Norbert E. bremste seinen VW langsam ab.

„Die Reifen sind auch nicht mehr die besten“, dachte er. „Muß ich wenigstens vorn wieder erneuern.“

Neben ihm kam gerade ein roter Porsche Targa zum Stehen.

„Den kenne ich doch!“ überlegte Norbert E. Seinen Ampel-Nachbarn, der aus seinem Porsche heraus gerade mit irgendwem telefonierte, kannte er von der Bank her.

„Richtig“, schoß es ihm durch den Kopf, „das ist Herr Altenburg, der Immobilienmakler, der alle drei Monate mit mir über seine Festgelder spricht!“

Es beeindruckte Norbert E. schon, wie Altenburg immer noch telefonierend Gas gab und er nur noch das Heck des Porsche sah. Außerdem begriff er sofort, daß die Ampel längst auf Grün geschaltet hatte und machte sich auch auf den Weg.

Norbert E. begann zu grübeln: „Was führe ich eigentlich für ein Leben? Ich stehe den ganzen Tag in der Bank an meinem Schalter, kümmere mich um anderer Leute Wertpapiere oder Festgelder, fahre mit einem alten, klapprigen VW durch die Gegend. Ab und zu ins Kino, am Wochenende in den Palmengarten, in den Zoo oder im Sommer ins Opel-Bad.“

Ja, das konnte er sich leisten. Und einmal im Jahr 14 Tage Rimini, Übernachtung mit Frühstück.

War das sein Leben?

Wollte er vielleicht in 10 oder 15 Jahren seinen Chef ablösen und Abteilungsleiter in der Bank werden?

Mit einem Gehalt, das er sich jetzt schon ausrechnen konnte?

Selbst wenn er das schaffte - sein Chef war erst Anfang vierzig - dann würde er doch sowieso in dieser Position bleiben, bis zu seiner Pensionierung.

„Nein“, sagte Norbert E. und stieg in die Bremsen. „Das ist nichts für mich - ich mache mehr aus meinem Leben.“

Er war zu Hause angekommen. Zu Hause?

Möbliertes Zimmer mit Morgenkaffee. Damenbesuch hatte sich Frau Landgerichtsrat a. D. verbeten. „Und nicht vergessen: um 22 Uhr ist die Haustür abzuschließen“, sagte sie damals zu ihm, als er das Zimmer mietete.

Norbert E. nahm die Plastiktüte mit seinen Einkäufen und erklomm die über 50 knarrenden Holzstufen zu seinem Zimmer unterm Dach.

So sah es jeden Abend aus, wenn Norbert E. von der Bank kam: frisch gebohnerter Fußboden. Das Spitzendeckchen auf dem kleinen Tisch mittig ausgerichtet. Das Kissen auf dem Sofa mit der Aufschrift „Mit Gott und König fürs Vaterland“ (schließlich war Herr Landgerichtsrat Dr. Breit noch preußischer Reserveoffizier gewesen) in der Mitte eingeknickt.

Er knipste die Stehlampe mit den verschiedenfarbigen, trichterförmigen Lampenschirmen an und suchte sich auf seinem Kofferradio den AFN heraus. Norbert E. setzte sich aufs Sofa, mitten ins vaterländische Kissen hinein, und sah sich um.

„Das kann doch nicht mein Leben sein“, dachte

er. „Da muß sich einiges ändern. So will ich das nicht mehr mitmachen – so nicht!"

Norbert E. holte sich ein Blatt Papier aus dem Schrank. Er schrieb alles darauf, was ihm in seinem Leben nicht gefiel.

Es kam einiges zusammen. Zuviel, um alles auf einmal ändern zu können. Mit einer Unterteilung in kurz-, mittel- und langfristige Ziele ordnete er seine Wünsche.

Kurzfristig, also innerhalb eines Jahres, wollte er mehr Geld verdienen, sich mehr leisten. Er wollte nicht mehr in seinem alten VW fahren – so ein kleiner englischer Sportwagen sollte es schon sein.

Die Welt wollte er kennenlernen. Es mußte mehr geben als Rimini zum Pauschalpreis.

Und aus dieser Bude mußte er unbedingt heraus. Ja, eine kleine Appartement-Wohnung am Sachsenhäuser Berg würde ihm gefallen. Da wäre er auch sein eigener Herr, könnte sich sein ganz persönliches Nest nach seinem Geschmack einrichten. Mit modernen, hellen und freundlichen Möbeln. Mit Bildern an den Wänden, die ihm gefielen. Mit Damenbesuch, wann und wie oft er wollte.

Aber wie sollte er das alles realisieren? Bei dem Gehalt in der Bank? Unmöglich!

Den Beruf müßte er wechseln. So schnell wie möglich.

Beraten und Verkaufen machte ihm Spaß, daran wollte er auch in Zukunft nichts ändern.

Er mußte an den Augenblick nachmittags an der Ampel denken, an Herrn Altenburg: „Der hat's geschafft, Porsche Targa, neuestes Modell, Telefon im Auto, Festgeld auf der Bank. Da will ich auch hin. Das will ich auch erreichen“, dachte Norbert E.

Er hatte sich in den letzten Monaten darüber gewundert, daß viele seiner Kunden ihre Festgelder kündigten oder Wertpapiere verkauften, um für den Kauf einer Eigentumswohnung flüssig zu sein. Auch in seinem Bekanntenkreis waren einige, die sich Eigentumswohnungen zulegten.

„Das scheint ja ein richtiger Boom zu sein. Da würde ich gern mitverkaufen – da läßt sich sicher richtig Geld verdienen“, dachte er und beschloß, in den nächsten Tagen einmal Herrn Altenburg anzurufen.

Norbert E. kam jetzt richtig in Fahrt.

Berufliche Ziele – was wollte er nun mittelfristig, in 5 Jahren erreicht haben? Er legte ein zweites Blatt an und teilte es der Länge nach in zwei Hälften. Über die linke Seite schrieb er „mittelfristige Ziele“, und rechts war die Spalte für den Aktionsplan: „Was muß ich tun, um meine Ziele zu erreichen?“

Norbert E. war jetzt mittendrin, Zwischenschritte zu planen. Denn eines wußte er: Langfristig – in vielleicht 15 Jahren – hatte er sein eigenes Büro, seine eigene Vertriebsmannschaft. Dann wollte er es geschafft haben.

Norbert E. war mit seiner Arbeit zufrieden: Zum ersten Mal in seinem Leben hatte er seine Karriere kurz-, mittel- und langfristig schriftlich fixiert und einen Aktionsplan aufgestellt, wie er seine Ziele erreichen wollte.

Er würde sich in Zukunft immer wieder kontrollieren – also Soll/Ist-Vergleiche anstellen und, falls notwendig, sein Handeln zielorientiert korrigieren.

Ihm wurde deutlich, daß das Setzen von Zielen eine unabdingbare Voraussetzung für den Erfolg war. Da er gerade so schön dabei war sein Leben umzukrempeln, vergaß er auch nicht, sich Klarheit über seine privaten Ziele zu verschaffen.

Ein schöner, klarer Herbstmorgen weckte ihn. Mit geöffnetem Schiebedach (das immerhin besaß sein altes Auto) fuhr er bald stadteinwärts zur Bank.

Ja, er würde sein Leben ändern. Gleich heute würde er Herrn Altenburg, den Immobilienmakler, anrufen, ihn um einen Termin bitten. Jetzt galt's!

Norbert E. nahm heute sein Leben in die Hand. Und so sahen seine Ziele aus:

Kurzfristige Karriereziele
(1-Jahres-Plan)

1. Wechseln des Berufs – so schnell wie möglich
2. Verkäufer bei Immobilien Altenburg werden
3. Das Handwerkszeug für erfolgreiches Verkaufen erlernen

Kurzfristige Lebensziele
(1-Jahres-Plan)

1. Mehr Geld verdienen
2. Sich mehr leisten können
3. Einen kleinen (gebrauchten) Sportwagen fahren
4. Die „Welt“ kennenlernen – Kurzurlaube in London, Rom, Paris …

Mittelfristige Karriereziele (5-Jahres-Plan)

1. Verkaufsleiter in einem großen Maklerbüro
2. Rundherum fit im Verkauf von Immobilien

Mittelfristige Lebensziele (5-Jahres-Plan)

1. Soviel Geld verdienen, um sich ohne groß zu überlegen viele Wünsche erfüllen zu können
2. Eigentümer einer schönen Wohnung in guter Lage

Langfristige Karriereziele (15- bis 20-Jahres-Plan)

1. Eigenes Maklerbüro mit mehreren Verkäufern
2. Finanzielle Unabhängigkeit und Erfolg
3. Erstes Maklerbüro am Platz

Langfristige Lebensziele (15- bis 20-Jahres-Plan)

1. Gesundheit, Glück, Zufriedenheit - auch auf dem Weg zum Erfolg
2. Eigenes Haus in sehr guter Lage
3. Reisen rund um die Welt

Ihre Ist-Analyse – Prüfen Sie sich selbst!

Wie sieht es bei Ihnen beruflich aus?

Berufliche Ist-Analyse:

1. ______________________________
2. ______________________________
3. ______________________________
4. ______________________________
5. ______________________________
6. ______________________________
7. ______________________________
8. ______________________________

Wie sieht es bei Ihnen privat aus?

Private Ist-Analyse:

1. ______________________________
2. ______________________________
3. ______________________________
4. ______________________________
5. ______________________________
6. ______________________________
7. ______________________________
8. ______________________________

Ihre Karriereziele auf dem Weg zum Erfolg

Was will ich beruflich erreichen?

Kurzfristige Karriereziele (1 Jahr):

1. ______________________________

2. ______________________________

3. ______________________________

Mittelfristige Karriereziele (5 Jahre):

1. ______________________________

2. ______________________________

3. ______________________________

Langfristige Karriereziele (15–20 Jahre):

1. ______________________________

2. ______________________________

3. ______________________________

Was muß ich tun, um meine Ziele zu erreichen?

Aktionsplan zum beruflichen Erfolg:	Soll/Ist-Vergleich
1. ____________	____________
2. ____________	____________
3. ____________	____________
4. ____________	____________
5. ____________	____________
6. ____________	____________

Ihre persönlichen Ziele auf dem Weg zum Erfolg

Was will ich privat erreichen?

Kurzfristige Lebensziele (1 Jahr):

1. ______________________________

2. ______________________________

3. ______________________________

Mittelfristige Lebensziele (5 Jahre):

1. ______________________________

2. ______________________________

3. ______________________________

Langfristige Lebensziele (15–20 Jahre):

1. ______________________________

2. ______________________________

3. ______________________________

Was muß ich ändern, um meine Ziele zu erreichen?

Aktionsplan zum privaten Erfolg:	Soll/Ist-Vergleich
1. ______________	______________
2. ______________	______________
3. ______________	______________
4. ______________	______________
5. ______________	______________
6. ______________	______________

2. Zur Person – Norbert E. und seine menschlichen Stärken

„Der Anfang wäre gemacht", dachte Norbert E., indem er aus der Seitentasche seiner Hose den Schlüsselbund zog, an dem neben dem Auto- und Briefkastenschlüssel der Sicherheitsschlüssel zu seiner neuen Zwei-Zimmer-Eigentumswohnung hing. „Ja, hier läßt es sich leben, hier bin ich mein eigener Herr und kann tun und lassen was ich will. Das ist schon ein gutes Gefühl", überlegte er und drückte mit einem Ruck die Tür zu seiner Wohnung auf.

Zwei Jahre verkaufte Norbert E. nun schon Häuser und Wohnungen bei Immobilien Altenburg. Und es machte ihm immer mehr Spaß. Doch das war nicht immer so gewesen. Wenn er nur an seinen „Durchhänger" im letzten Frühling dachte: Da hatte Gaby, seine Freundin, ihn von einem Tag auf den anderen verlassen – und das in einer Zeit, wo er sowieso schon nicht mehr richtig an sich glaubte. In vier Wochen keinen einzigen Abschluß! Und dann auch noch der Ärger mit Gaby. Zeitweise wollte er den ganzen Kram einfach hinwerfen. Einfach einmal drei Monate nichts tun. Ans Mittelmeer fahren und „den lieben Gott einen guten Mann sein lassen" …

Ja, wenn da nicht Herr Altenburg gewesen wäre. Der stand zu ihm in dieser labilen Phase. Er erzählte Norbert E., daß viele Verkäufer solche Zeiten durchmachen. „Aber langfristig sind nur die Erfolgreichen in der Lage, ihre Emotionen zu stabilisieren, indem sie ständig gegen solche labilen Phasen angehen", sagte ihm Herr Altenburg. „Du mußt einfach positiv denken", fuhr er fort. „Mit einer optimistischen Grundhaltung läßt es sich einfach besser und gesünder leben."

Norbert E. weiß heute, von was Herr Altenburg sprach, denn in den folgenden Jahren hat er selbst seine Erfahrungen gemacht. Er hat gelernt, daß es schon mit viel Arbeit und Fleiß verbunden ist, auf der Leiter des Erfolgs eine Sprosse höher zu steigen.

Trainingsgespräche mit Herrn Altenburg, simulierte Verkaufsgespräche vor der Videokamera mit anschließender Kontrolle, Telefonverkauf-Seminare, Schulungen, Fachbücher über Finanzierung, Maklerrecht, Vertragswesen, und und und - Norbert E. arbeitete oft 12 bis 14 Stunden täglich. Er wußte, warum er keine Freizeit mehr hatte.

Doch der Fahrstuhl zum Erfolg fuhr nicht nur nach oben. Es gab Rückschläge. Heute weiß Norbert E., daß das normal war. Durch Stehvermögen, Einsatz und mit einem eisernen Willen, die gesetzten Ziele auch zu erreichen, zog Norbert E. sich oft an den eigenen Haaren aus diesen Schwierigkeiten.

Und der Erfolg stellte sich dann über kurz oder lang wieder ein.

So überwand Norbert E. auch seine erste Krise -

er verkaufte nach sechs Wochen wieder ein Haus! Und als er drei Tage später auch noch eine Eigentumswohnung beurkundete, war es ihm, als ob sein Herz einen Sprung machte. Norbert E. sah wieder die schönen Seiten des Lebens. Es war, als ob ihm ein Stein vom Herzen fiel.

Nun ging er auch wieder zuversichtlich in seine Kundengespräche: „Heute verkaufe ich den Eheleuten Bender die 3-Zimmer-Eigentumswohnung, für die wir letzte Woche die Finanzierung gemacht haben - ja, heute klappt es", dachte Norbert E. für sich.

Wenn es auch dann nicht jedesmal zu einem Abschluß kam - er war mittlerweile in der Lage, sich seine positive Grundeinstellung zu erhalten.

„Wo ein Wille ist, da ist auch ein Weg." Das gilt auch im starken Maße im Verkauf. Norbert E. arbeitete seinen nächsten Kundentermin immer gedanklich vor. Vor jedem Gespräch setzte er sich ein Ziel - und dieses Ziel wollte er dann auch unbedingt erreichen. Sei es zum Beispiel, daß er aus sechs Erstkontakten zu mindestens drei qualifizierten Terminen oder aber von sechs Abschlußgesprächen bei vier Parteien zum Notartermin kommen wollte.

Dabei war und ist Norbert E. immer wieder gefordert, sich selbst zu motivieren, an sich zu glauben und Rückschläge wegzustecken.

Er hat in den vergangenen Jahren gesehen, daß die wirklich guten Verkäufer über eine starke Eigenmotivation verfügen. Darüber hinaus weiß er nun aus eigener Erfahrung, wie wichtig überzeugendes

Auftreten, eine starke Persönlichkeit und eine gefestigte innere Einstellung im Außendienst sind.

Es ist wichtig, daß die Interessenten den Verkäufer als Mensch und qualifizierten Berater akzeptieren. Denn sie kaufen in der Regel nur einmal im Leben ein Haus oder eine Eigentumswohnung. Sie müssen ihm Vertrauen entgegenbringen. „Wer fragt, der führt" – das gilt auch für das Verkaufsgespräch. Die Nachfrager werden aber nur dem Kaufberater offen und ehrlich alle notwendigen Fragen beantworten, zu dem sie Vertrauen haben.

„Ohne Fleiß kein Preis" – diesen Wahlspruch hat Norbert E. immer schon beherzigt. In seiner Zeit bei der Bank war er einer der ersten, die morgens gekommen waren und einer der letzten, die die Bank abends verlassen hatten. Heute bei Immobilien Altenburg war es nicht anders.

Schon immer arbeitete er mit einer Zeitplanung. Er war in der Lage, Prioritäten zu setzen und Wichtiges von Unwichtigem zu unterscheiden. Seit kurzem nun kannte er auch seinen Biorhythmus. Morgens zwischen 10 und 12 Uhr, mittags dann von 15 bis 17 Uhr und am Abend ab 20 bis 22 Uhr – da war er „gut drauf", in diesen Zeiten hatte er sein Leistungshoch.

Soweit Norbert E. konnte, berücksichtigte er seinen Biorhythmus bei der Einteilung seiner Zeit. Er teilte seine Termine und Besprechungen in A-, B-, und C-Tätigkeiten ein. Dabei setzte er Prioritäten: A-Tätigkeiten waren sehr wichtig,

B-Tätigkeiten wichtig und C-Tätigkeiten weniger wichtig.

A-Termine machte er nur zwischen 10 und 12 Uhr, zwischen 15 und 17 Uhr oder am Abend zwischen 20 und 22 Uhr, C-Termine dagegen, soweit es möglich war, außerhalb dieser Leistungshochzeiten. Mit dieser Zeitplanung kam er sehr gut zurecht. Norbert E. führte Tag für Tag mindestens fünf Verkaufsgespräche oder Objekt-Besichtigungen durch. Er wurde nicht müde, sich mit Kunden zu treffen, ihnen Häuser und Eigentumswohnungen zu zeigen, ihre Finanzierung durchzurechnen und und und ...

Er wußte, daß er nur dann erfolgreich Immobilien verkaufen konnte, wenn er mit Fleiß und Engagement bei der Sache war. Da durfte es keine Ausreden geben.

Norbert E. erinnert sich noch gut an die vier Reihenhäuser in Mörfelden. So richtig hatte keiner der Verkäufer etwas für den Abverkauf der Häuser getan. Zu teuer, keine Garage, zu kleine Vorgärten – und sehr schlecht vom Büro aus zu erreichen!

„Da bist du ja einen Vormittag für eine Besichtigung unterwegs", so dachte auch Norbert E. Und so kam es, daß nur wenige Hausbesichtigungen in Mörfelden durchgeführt wurden, immer weniger Werbung gemacht wurde, das Objekt einfach in der Versenkung verschwand.

Dann eines Morgens rief Herr Altenburg alle Verkäufer zu sich in sein Büro. Am Besprechungstisch, mit dem Rücken zum Fenster, saß Herr Schuler, der

Verkaufsleiter der „Wohnbau Mitte“. Herr Schuler war seinem Unternehmen gegenüber verantwortlich für den Verkauf der Reihenhäuser in Mörfelden.

„Also“, sagte Herr Schuler, nachdem er alle mit festem Handschlag begrüßt hatte, „so kann es mit unseren Häusern in Mörfelden nicht weitergehen. Beim Einkauf des Grundstücks haben Herr Altenburg und auch Sie, meine Herren, mir zugesagt, daß die vier Reihenhäuser in einem Vierteljahr verkauft sein würden. Und wo stehen wir heute? Hier müssen wir zusammen einen neuen Anfang machen! Jeder muß etwas tun. Wir haben die Häuser fertiggestellt, eins richtig gemütlich als Musterhaus eingerichtet und den Garten angelegt. Sie werden die Häuser nicht mehr wiedererkennen!“

„Von Ihnen erwarte ich“, fuhr Herr Schuler fort, „daß Sie Ihre Verkaufsaktivitäten wieder aufnehmen. Ab sofort. Und daß zielorientierte Werbung gemacht wird!“

Herr Altenburg drehte sich halb zu seinen Verkäufern und fragte: „Ja, meine Herren – jetzt sind wir am Zug. Wer von Ihnen übernimmt die Betreuung dieser Häuser, wer macht die Wochenendbesichtigungen?“ Man merkte der Verkaufsmannschaft an, daß keiner so richtig an einen kurzfristigen Verkaufserfolg glaubte. Die negativen Vorurteile waren zu stark.

„Ok, ich werde die Häuser verkaufen“, meldete sich Norbert E., indem er Herrn Schuler in die Augen sah. Und dann weiter: „Ich werde mir einen genauen Arbeitsplan machen und an vier Sonntagen Besichtigungen durchführen. Herr Schuler, können wir uns morgen um 11 Uhr im Musterhaus treffen, um die Einzelheiten zu besprechen?“

Das Musterhaus in Mörfelden war wirklich mit sehr viel Geschmack eingerichtet worden, der Vorgarten blühte und im Garten fehlten auch Ball und Sandkasten für die Kinder nicht.

Mit Begeisterung ging Norbert E. an die Arbeit. Und wirklich: Mit einer zielgruppenorientierten, ausgefallenen Anzeigenserie und einer guten Präsentation hatte Norbert E. die vier Häuser in sieben Wochen beurkundet.

Feinfühlig auf Gesten und Einwände seiner Kunden reagieren, einen guten Riecher haben für Stimmungen und Launen der Interessenten – damit hatte Norbert E. trotzdem noch Probleme. Es war ihm nicht nur einmal passiert, daß er, im Wohnzimmer der Kunden bei einer Tasse Kaffee sitzend, Signale seiner Gesprächspartner einfach „überfahren“ hatte. Nicht nur während der Ist-Analyse, der Phase des Verkaufsgesprächs, wo er durch gezielte Fragen die Bedürfnisse, Wünsche und auch die finanziellen Möglichkeiten des Kunden abcheckte. Nein, sogar in der Abschlußphase. Hier hatte Norbert E. oft einfach nicht gemerkt, daß der Interessent zum Abschluß bereit war. Statt den Notartermin zu vereinbaren, hat er dann geredet und geredet.

In der letzten Zeit tat Norbert E. einiges für seine Allgemeinbildung. Er nahm an Seminaren und Tagungen teil, las wieder Bücher und - das war ein Muß - jeden Tag die Tageszeitung. Er hatte bemerkt, daß seine Kunden, vom Pfarrer über den Lehrer, den Bäcker und Elektromeister bis hin zum Universitätsprofessor, sich auch gerne mit ihm über andere Dinge als das Verkaufsobjekt unterhalten wollten. Da war eine gute Allgemeinbildung notwendig, um dem Gespräch die Richtung geben zu können, die für einen erfolgreichen Abschluß notwendig war.

Norbert E. sah auf seine Armbanduhr. „Kurz vor acht", dachte er, „Zeit für die Tagesschau. Und danach dann wie jeden ersten Mittwoch im Monat in die Traube - zum Immobilienstammtisch."

Hier trafen sich Verkäufer aus Frankfurt. Sie verkauften bei Maklern oder Bauträgern Immobilien. „Man kann nie wissen, wie man solche Kontakte einmal brauchen kann", überlegte Norbert E.

Wenn er so an seine Kollegen vom Stammtisch dachte, war er eigentlich mit seinen menschlichen Stärken recht zufrieden. Er war nach zwei Jahren Verkaufserfahrung mittlerweile emotional stabil und konnte sich seine positive Grundhaltung auch in schwierigen Zeiten erhalten. Er war jetzt in der Lage, sich selbst zu motivieren. Schon immer hatte er ein überzeugendes Auftreten, er konnte immer schon engagiert arbeiten und Wichtiges von Unwichtigem unterscheiden. Und seine Emotionen hatte er unter Kontrolle. Die notwendige Feinfühligkeit würde er schon noch erwerben.

Ihre persönlichen Stärken und Schwächen – prüfen Sie sich selbst!

	Ja	Nein
Sind Sie emotional stabil?	○	○
Kämpfen Sie öfter gegen labile Phasen?	○	○
Verfügen Sie über eine optimistische Grundhaltung?	○	○
Denken Sie positiv?	○	○
Können Sie sich selbst motivieren?	○	○
Sind Sie eine starke Persönlichkeit?	○	○
Haben Sie ein überzeugendes Auftreten?	○	○
Arbeiten Sie engagiert?	○	○
Haben Sie eine Zeitplanung?	○	○
Können Sie Prioritäten setzen?	○	○
Berücksichtigen Sie Ihre Leistungskurve?	○	○
Beachten Sie Ihren persönlichen Biorhythmus?	○	○
Sind Sie begeisterungsfähig?	○	○
Sind Sie feinfühlig?	○	○
Haben Sie eine gute Allgemeinbildung?	○	○

3. Qualitäten - Norbert E. und die verkäuferischen Fähigkeiten

Norbert E. hatte gerade das Verdeck seines Cabrios zurückgeschoben. Die Sonne wärmte ihn. Ja - es war heute so ein herrlicher Sommerabend, wie man ihn nicht oft hatte. Es war noch hell und dabei schon kurz vor 20.30 Uhr. „Bei solchem Wetter gibt es nichts Schöneres, als offen zu fahren“, dachte Norbert E. und weiter: „Schon gut, daß ich den Verkauf der Häuser in Mörfelden übernommen habe.“

Norbert E. hatte die Provision aus den Verkäufen der Häuser verwendet, um sich dieses wirklich schöne Auto zu kaufen. Er trat in die Bremsen. Er war dort, wo er hinwollte. In der Weinstube Traube, am Stammtisch. Er war gespannt, was es in der Szene Neues gab.

Norbert E. war spät dran. Deshalb parkte er seinen Wagen auf dem Bürgersteig direkt vor dem Eingang zur Traube, im Halteverbot. „Wird schon gutgehen“, dachte er, indem er das Lokal betrat.

Klaus Schell, der sich vor vier Monaten im Taunus selbständig gemacht hatte, Bernhard Franz, Sven Nil und Udo Hau, alle Immobilienverkäufer bei Frankfurter Maklern, sowie zwei jüngere Männer, die er noch nicht kannte, unterhielten sich angeregt.

Nach kurzer Begrüßung und Vorstellung der Neuen entwickelte sich sehr schnell ein Fachgespräch.

„Also“, sagte Sven, „ich bin der Meinung, daß man bestimmte verkäuferische Fähigkeiten braucht, um langfristig in unserer Branche erfolgreich verkaufen zu können. Und da stehe ich nicht allein. Der Unternehmensberater Steiner - ihr kennt ihn doch alle, bei ihm habe ich vor 14 Tagen ein Verkaufsseminar besucht - er ist der Meinung, daß Kontaktstärke, Verhandlungsgeschick, Überzeugungskraft, Abschlußsicherheit und Kreativität wichtige Voraussetzungen für den Erfolg im Verkauf seien.“

„Da hast du ja wirklich gut aufgepaßt, Sven“, entgegnete Norbert E. „Aber Spaß beiseite - wenn du das so sagst und ich bewußt darüber nachdenke, muß ich dir unbedingt recht geben. Wenn ich nur an meine Sonntage im Musterhaus denke. Da ist Kontaktstärke allemal gefragt. Denn du hast da Leute vor dir, die du noch nie gesehen hast. Du weißt nicht, wie diese Menschen leben, fühlen und denken. Und nun bist du gefordert, deine Kontaktstärke so auszuspielen, daß sich daraus ein qualifiziertes Verkaufsgespräch entwickeln kann.“

„Noch schwieriger finde ich die Kontaktaufnahme per Telefon“, warf Bernhard Franz ein, „hier mußt du in der Lage sein, während drei oder vier Minuten Telefonkontakt mit wildfremden Leuten zu einem Besichtigungs- oder Beratungstermin zu kommen. Nicht einfach. Da hilft dir neben deiner

Kontaktstärke auch eine Portion Überzeugungskraft. Denn nur wenn der Anfrager überzeugt ist, daß sich dieser Termin für ihn lohnt, wenn er glaubt, daß das Haus oder die Wohnung seinen Vorstellungen entspricht und er sich die Immobilie leisten kann - dann wird er sich für ein Treffen mit dir Zeit nehmen. Da bist du gefordert, all deine Kreativität einzusetzen."

„Ich glaube, daß du an alle Aufgaben im Verkauf kreativ herangehen mußt", sagte einer der Neuen. Und weiter: „Wir hatten im Taunus ein kleines Haus mit acht Eigentumswohnungen im Verkauf. Über die eingefahrene Werbung ist es uns nicht gelungen, genügend Neukontakte zu schaffen. In einem Kreativmeeting, wo jeder ohne Kritik der anderen seine speziellen Vorschläge machen konnte, haben wir dann gemeinsam ein neues Werbekonzept erarbeitet. Ich sage euch, sonntags war die Hölle los, wir wußten nicht, wo wir anfangen sollten, so viele Neuinteressenten sind gekommen!"

Udo Hau, der die ganze Zeit interessiert zugehört hatte, trank einen kleinen Schluck Rotwein, stellte sein Glas auf den polierten Holztisch und meinte: „Mir fehlt noch Verhandlungsstärke - ich habe einfach noch Schwächen beim Verhandeln. Wenn ich an gestern abend denke, könnte ich mich heute noch ärgern. Wir haben einen Neubau in Sossenheim zu verkaufen. Der Kunde wollte bis zum 15. September im neuen Haus sein. Da er mir die Reservierung erst unterschrieb, als ich ihm auch den Übergabetermin bestätigte, gab ich nach. Dabei wußte ich, daß der Bauträger mit den Arbeiten nicht vor Ende Oktober fertig sein konnte. ‚Da muß der Bauträger sich halt beeilen – morgen werde ich das mit ihm klären', dachte ich.

Doch der konnte das Haus wirklich nicht vor Ende Oktober fertigstellen. Ich rief meinen Kunden wieder an, vereinbarte einen Termin und teilte ihm in diesem Gespräch den neuen Übergabetermin mit.

‚Sie können meine Reservierung vergessen', war die Antwort des Interessenten. ‚Das wußten Sie doch gestern schon, daß Sie nicht bis zum 15. 9. fertig sein können.'

Jetzt weiß ich, daß eine ehrliche, klare, wenn auch harte Linie richtig gewesen wäre. Ich hätte versuchen müssen festzustellen, warum er am 15. 9. einziehen wollte. Nach dieser Ist-Analyse hätte ich Wege suchen müssen, die maximal sechs Wochen bis zur Bezugsfertigkeit des Hauses zu überbrücken. Ich bin sicher, der wäre nächste Woche mit mir zum Notar gegangen", beendete Udo Hau seinen kleinen Vortrag.

„Das ist jedem schon einmal passiert, jeder hat schon durch eigene Fehler Verkaufsabschlüsse versiebt", versuchte Norbert E. ihn aufzumuntern. „Ich hatte früher und auch heute noch manchmal Probleme in der Abschlußphase des Verkaufsgesprächs. Ich war nicht abschlußsicher. Das hat mich schon viel Geld gekostet. Ich erkannte nicht, wann die ‚Gretchenfrage' zu stellen war – vielleicht fehlte mir auch oft einfach der Mut. Heute weiß ich, daß

Abschlußsicherheit absolut notwendig ist, um wirklich gut verkaufen zu können."

So ging es noch einige Zeit weiter. Kurz vor Mitternacht saß Norbert E. wieder in seinem Wagen. Er fuhr durch die laue Sommernacht, immer noch „oben ohne". „Der Unternehmensberater Steiner hat recht", dachte Norbert E. „Kontaktstärke, Verhandlungsgeschick, Überzeugungskraft, Kreativität und Abschlußsicherheit sind entscheidende verkäuferische Fähigkeiten. Ich werde morgen mal sehen, wann Steiner wieder ein Verkaufsseminar durchführt - ich muß etwas für meine Abschlußstärke tun."

Ja, Norbert E. war immer noch Verkäufer bei Immobilien Altenburg. Er steckte noch in der „Ausbildungsphase", wenn er an seine Lebensziele dachte. Verkäufer - Verkaufsleiter so nach 5 Jahren und in 15 bis 20 Jahren das eigene Maklerbüro: Norbert E. sah seinen Weg zum Erfolg genau vor sich - und er war bereit, ihn zu gehen.

Ihre persönlichen verkäuferischen Fähigkeiten

	Ja	Nein
Sind Sie kontaktstark?		
Kommen Sie schnell mit fremden Leuten ins Gespräch?	○	○
Sind Sie in der Lage, aus einem kurzen persönlichen Kontakt ein Gespräch zu machen?	○	○
Fällt es Ihnen leicht, mit fremden Menschen am Telefon ein Gespräch zu führen?	○	○
Können Sie Menschen überzeugen?		
Nehmen Ihnen fremde Menschen Ihre Vorschläge ab?	○	○
Sind Sie oft Wortführer?	○	○
Sind Sie kreativ?		
Haben Sie ständig neue Ideen?	○	○
Wollen Sie immer auf neuen Wegen zum Ziel kommen?	○	○
Macht es Ihnen Spaß, als kreativer Problemlöser aufzutreten?	○	○

	Ja	Nein
Sind Sie verhandlungsstark?		
Können Sie Ihre Argumente auch gegen Widerstände verteidigen?	○	○
Sind Sie in der Lage, Gespräche zu führen?	○	○
Beherrschen Sie die Fragetechnik?	○	○
Beherrschen Sie die Einwandtechnik?	○	○
Können Sie gut zuhören?	○	○
Sind Sie abschlußsicher?		
Beherrschen Sie die Abschlußtechnik?	○	○
Wissen Sie, wann Sie die „Gretchenfrage“ stellen müssen?	○	○

Bemerkung:

Ihr Ziel muß es sein, mittelfristig alle diese Fragen mit ja zu beantworten. Für viele Fachbereiche wie zum Beispiel die Verkaufstechniken gibt es Fachbücher und auch spezielle Seminare. Kommen Sie auf die Ja-Schiene!

4. Kenntnisse – Was Norbert E. wissen muß, um erfolgreich zu sein

Heute mußte sich Norbert E. seinen Kaffee selbst machen. So wie jeden Sonntag. Außer ihm war sonst niemand im Büro. Er stand vor dem Bürofenster zur Straßenseite zu, in der einen Hand die Tasse, in der anderen die Kanne mit frischem Kaffee, und sah den Menschen zu, die in ihrer Sonntagskleidung vorbeigingen.

Sonntagmorgen – bei Norbert E. hatte es sich eingebürgert, daß er fast jeden Sonntag zwei bis drei Stunden im Büro arbeitete. Seine Zeitplanung für die kommende Woche machte, Ziele schriftlich festlegte und, wenn es notwendig war, sich genau über die neuen Verkaufsobjekte informierte.

Noch nie war er unvorbereitet in Kundengespräche gegangen. Von Anfang an nicht. Er informierte sich immer sehr eingehend über die neu in den Verkauf kommenden Objekte. Auch über seine Mitbewerber: Wie stark oder schwach sie waren und welche Häuser sie in welchen Lagen zu welchen Preisen anboten.

Mittlerweile saß er an seinem Schreibtisch, vor sich eine dampfende Tasse Kaffee sowie die Verkaufsunterlagen eines neuen Bauträgerangebots. Gestern hatte der Verkaufsleiter des Bauträgers die neue Baumaßnahme vorgestellt und alle notwendigen Unterlagen hiergelassen. Jetzt galt es, sich als erstes genaue Produktkenntnisse zu verschaffen.

„Eins muß man diesem Bauträger lassen", dachte Norbert E., „Prospekte können die machen. Sie sind übersichtlich und klar, mit vielen Bildern und vollständig. Ich werden mir jetzt erstmal die Ansichten und Grundrisse der Häuser genau ansehen."

Norbert E. legte ein Blatt neben sich, teilte es durch einen Strich in zwei Hälften und schrieb über die eine Hälfte „Vorteile", über die andere „Nachteile." Und nun ging er sehr systematisch vor. Er begann mit den Ansichten der Häuser.

Gute Lösungen für den Kunden schrieb er unter „Vorteile", zum Beispiel den großen Südbalkon mit Zugängen von beiden Kinderzimmern, die gelungene Lösung bei der Kelleraußentreppe, den architektonisch schönen Erker, die großen Wohnzimmerfenster und so weiter. Aber auch schlechte Lösungen – Nachteile für den Kunden – wurden festgehalten. Hier fiel ihm auf, daß der Dachüberstand zu klein und der Eingangsbereich sehr unvorteilhaft angelegt war.

„Gute Grundrisse sind kaufentscheidend." Dieser Satz von Herrn Altenburg ging ihm nicht aus dem Kopf als er, wie bei einer Besichtigung, in Gedanken die Grundrisse vom Eingang über den Wohn-Eßbereich, die Küche, die Schlafzimmer bis zum ausbaufähigen Dachgeschoß durchging.

„Sehr gut gemacht – wirklich benutzerfreundlich", ging es Norbert E. durch den Kopf. „Hier läßt es sich leben. Eine Familie mit bis zu drei Kindern kann hier wirklich gut wohnen. Ja, die Architekten haben hier tatsächlich einmal schon bei der Planung an die neuen Eigentümer gedacht, die ihr Leben lang in diesem Haus verbringen werden. Und für mich - für den Verkauf - ist das auch sehr gut. Die Grundrisse werden gut bei den Interessenten ankommen. Viele Vorteile! Kurze Wege, großes Wohn-Eßzimmer, eine Verbindungstür zwischen Küche und Diele, direkter Zugang vom Wohnzimmer zum Garten, drei Kinderzimmer, außenliegendes Bad und vieles mehr - die Grundrisse stimmen rundherum."

Negativ fiel Norbert E. nur auf, daß das Elternschlafzimmer etwas klein war und dadurch Probleme beim Stellen eines großen Schlafzimmerschranks entstehen können. Hier würde er sich wie für alle Nachteile auf seiner Liste kreative Lösungen und gute Gründe dafür einfallen lassen.

Norbert E. lehnte sich zurück, trank einen kleinen Schluck schwarzen Kaffee und überlegte: „Bauträger ok, Grundrisse und Ansichten ok - jetzt bin ich einmal auf die Ausstattungs- und Leistungsbeschreibung gespannt."

Vor ihm lag die Baubeschreibung. Er schlug sie auf und fing an zu lesen. Dabei markierte er sich sofort alles Wichtige. Norbert E. merkte sich den Aufbau der Außen- und Innenwände, er stellte befriedigt fest, daß jede Doppelhaushälfte eine eigene Giebelwand zum Nachbarn hatte, er war mit der Qualität der Fenster und Türen zufrieden; Rauhputz im Wohnzimmer, Wandfliesen in Küche, WC und Bad, Rauhfasertapeten in den Schlafzimmern, Bodenfliesen in Küche, Diele und WC, Bad und Wohnzimmer, guter Teppichboden in den Schlafräumen - ja, die Ausstattung stimmte auch. Der Bauträger hatte sie genau auf die formulierte Zielgruppe abgestimmt.

„Der offene Kamin eingeschlossen in der Standardleistung, die massive Buchentreppe, der Südbalkon mit Zugang von den Kinderzimmern - alles gute Verkaufsargumente“, überlegte Norbert E. Dabei kam in ihm ein Hochgefühl auf. Der Verkauf würde richtig Freude machen. „Diese Häuser werde ich schnell verkaufen. Gleich am Montag, nach meinem Gespräch auf der Bank, werde ich meine heißen Interessenten anrufen und Termine vereinbaren“, ging es Norbert E. durch den Kopf.

Er informierte sich noch über die Bauweise und Ausführung des Kellers und verschaffte sich einen Überblick über die Heizung sowie über die Elektro- und Sanitärinstallation. Die Gartenanlage mußten die späteren Käufer wie üblich in eigener Regie machen.

„Ausstattung und Leistungsumfang auch ok“, überlegte Norbert E., „aber wie steht es mit den Sonderwünschen? Ist der Bauträger auch flexibel?“

Er suchte so lange auf seinem Schreibtisch, bis er eine Baubeschreibung für die Sonderwünsche mit den dazugehörigen Verkaufspreisen fand. „Wirklich klasse: Erker mit Balkon am Giebel, Garage, Kelleraußentreppe, wahlweise offene oder geschlossene

Küche, Dachausbau zum Studio - sogar mit Bad und Küche - und alle Sonderwünsche zu vertretbaren Preisen“, sagte der nun hochmotivierte Norbert E. leise vor sich hin.

„Wie war das noch mit den Bezugsterminen?“ überlegte er. „Was hat der Verkaufsleiter gestern gesagt? Baugenehmigung liegt vor, Baubeginn in vier Wochen und Fertigstellung dann bis Weihnachten - auch damit komme ich im Verkauf klar!“

Mittlerweile war es Mittag. Doch Norbert E. war mit seiner Arbeit noch nicht fertig.

„Ich will doch mal sehen, wer im Umfeld unseres neuen Angebots vergleichbare Häuser anbietet. Welche Lagen sie haben, wie ihre Ausstattung ist, was sie kosten und und und ...“, dachte Norbert E. und machte sich an die Markt- und Mitbewerberdatei. Kurze Zeit später hatte er eine ausgedruckte EDV-Liste in der Hand, auf der die vergleichbaren Mitbewerberangebote mit Informationen über ihre Anbieter aufgeführt waren. Es gab sechs vergleichbare Angebote und vier Anbieter. Zuerst sah Norbert E. sich die Mitbewerber an.

Hatte er es mit großen überregionalen oder kleineren örtlichen Anbietern zu tun? Wie viele Häuser und Wohnungen verkauften sie im Jahr? Wie viele Mitarbeiter beschäftigten sie? Wurden viele Leistungen fremd vergeben oder machte der Konkurrent alles in eigener Regie? Wie sah es mit der Liquidität und dem Eigenkapital des Unternehmens aus? Fragen über Fragen. Doch der täglich neu gefütterte Computer konnte viele Antworten geben.

Auch was die Angebotsbreite und -tiefe, die Preis-, Qualitäts-, Service- und Vertriebspolitik der Konkurrenz betraf. Norbert E. konnte viele nützliche Informationen abrufen und sich ein genaues Bild über deren Stärken und Schwächen machen.

Er griff nach der Kaffeekanne. „Schon wieder leer, ich koche mir noch eine Kanne Kaffee – das brauche ich jetzt!"

15 Minuten später saß er wieder kaffeetrinkend hinter seinem Schreibtisch und war in den zweiten Teil der EDV-Liste vertieft. Er war dabei, sich über die Mitbewerberangebote zu informieren. Dabei freute er sich, daß seine direkten Mitbewerber „durch die Bank" Häuser in weniger beliebten Stadtteilen anboten.

Grundstücksgrößen und Lagen, Ausstattung, Bauweise, Leistungsumfang, Ausbaumöglichkeiten, Preise, Infrastruktur – all das verglich er mit seinem neuen Angebot, arbeitete dabei dessen Vorteile heraus und machte sich auch die Nachteile klar.

So verging die Zeit. Norbert E. sah sich seine Arbeitsliste an. Abgehakt hatte er die Qualität des Bauträgers, die Grundrisse und Ansichten, Ausstattungs- und Leistungsbeschreibung, Sonderwunschpakete, Bezugstermine, die Konkurrenz- und Nachfrageanalyse – er war fast durch. Gleich würde er sich in seinen Wagen setzen und vor Ort das Grundstück „mit den Augen der Kunden" besichtigen, danach dann die Mitbewerberangebote abfahren. Auch hier würde er seine Vorteile-/Nachteileliste weiterführen. Schade nur, daß kein Musterhaus zur Verfügung stand! Er verließ das Büro, startete sein Cabrio und fädelte sich in den fließenden Verkehr ein.

Norbert E. freute sich auf die Gespräche und Besichtigungen mit seinen Kunden. Er war mit sich zufrieden: „Eine gute Vorbereitung ist die halbe Miete. Morgen werde ich noch zu Bergermann auf die Bank gehen, der kann mir helfen, einige Finanzierungsmodelle zu erarbeiten. Die müssen dann genau auf das Objekt und die Zielgruppe abgestimmt sein."

Norbert E. wußte aus seiner Zeit bei der Bank und aus Finanzierungsgesprächen mit Hauskunden, daß eine realistische Rechnung notwendig war. Dazu mußte er dann später vor Ort von den Interessenten noch einiges erfahren, wie zum Beispiel: Monatsnettoverdienst, Bonität, Höhe des Eigenkapitals, eventuelle Kredite, Kinderzahl, Höhe der heutigen Miete und vieles mehr.

Von der Bank besorgte er sich immer die neuesten Konditionen: Er kannte die aktuellen Zinssätze, die Auszahlungs- und Tilgungsmodalitäten, er wußte über Bearbeitungsgebühren und Bereitstellungszinsen Bescheid und er war in der Lage, schon im Verkaufsgespräch den Interessenten den monatlichen Aufwand für ihre Immobilie zu errechnen.

Eine gute Finanzierung war für ihn eine, die sich wie folgt zusammensetzte: 25 Prozent Eigenkapital, bestehend aus einem Grundstück, Bargeld oder Bausparguthaben, 15 Prozent Bauspardarlehen sowie 60 Prozent Hypothekendarlehen. Darüber hinaus wußte er, daß ein hohes Einkommen und eine sehr gute Bonität dem Kunden die Möglichkeit gaben, von dieser Regelung abzuweichen.

Denn für Norbert E. war eins ganz wichtig: Die Kundenfinanzierung mußte für den Käufer tragbar bleiben. Denn eine Immobilie - verkauft durch ihn - sollte dem Kunden ein Leben lang Freude bereiten.

Auf dem Weg nach Hause dann freute Norbert E. sich auf den Montag. An diesem Tag sollte er bei Immobilien Altenburg Verkaufsleiter werden. Und das nach fast fünfeinhalb Jahren Verkäufertätigkeit. Er hatte hart dafür gearbeitet. Aber wenn er heute zurückblickte, erinnerte er sich an viele glückliche Stunden, in denen er sich mit Freunden über seine Erfolge freute.

Norbert E. war auf dem Weg nach oben!

Was Sie über Ihre Mitbewerber wissen sollten

	Ja	Nein
Kennen Sie das Umsatz- und Absatzvolumen Ihrer wichtigsten Mitbewerber?	○	○
Wissen Sie, wie viele Mitarbeiter bei den Mitbewerbern beschäftigt sind?	○	○
Haben Sie einen Überblick über die Angebotsbreite und Angebotstiefe der Konkurrenz?	○	○
Wissen Sie, welche Preis- und Qualitätspolitik Ihre Mitbewerber betreiben?	○	○
Was versteht der Mitbewerber unter Service für die Kunden?	○	○
Welche Vertriebskanäle benutzen Ihre Mitbewerber?	○	○
Haben Ihre Mitbewerber besondere Stärken und Schwächen?	○	○

Was Sie über die Mitbewerberangebote wissen sollten

	Ja	Nein
Wissen Sie, in welchen Orten Ihre Mitbewerber bauen?	○	○
Kennen Sie die Wohnlagen der Mitbewerber?	○	○
Sind Ihnen die Grundstücke bekannt?	○	○
Wissen Sie, wie groß die Mitbewerberangebote sind (umbauter Raum)?	○	○
Kennen Sie ihre Bauweise?	○	○
Kennen Sie die Ausstattungsqualitäten der Mitbewerberobjekte?	○	○
Wissen Sie über die Ausbaumöglichkeiten Bescheid?	○	○
Kennen Sie die absoluten Endpreise?	○	○
Sind die Preise marktgerecht?	○	○
Sind die Gärten nach Süden, Südwesten oder Westen ausgerichtet?	○	○
Sind die Objekte der Mitbewerber landschaftlich schön gelegen?	○	○
Stimmt die Infrastruktur (Schulen, Geschäfte, Stadtzentrum, Freizeitangebot, Verkehrsverbindung usw.)?	○	○
Sind die Mitbewerberobjekte Luftverschmutzung oder Lärmbelästigung ausgesetzt?	○	○

Was Sie über Ihre Produkte wissen müssen

	Ja	Nein
Ist Ihnen der Aufbau der Außenwände bekannt?	○	○
Wissen Sie, ob bei Doppel- und Reihenhäusern jedes Haus zum Nachbarn hin eine eigene Wand hat?	○	○
Kennen Sie den Aufbau der Innenwände?	○	○
Art und Qualität der Türen und Fenster sind Ihnen bekannt?	○	○
Sie kennen Qualität und Umfang von Wandfliesen, Rauhputz, Tapeten, Anstrichen usw.?	○	○
Ist Ihnen bekannt, wie die Decken und Fußböden aufgebaut sind?	○	○
Kennen Sie die Bodenbeläge?	○	○
Sagt Ihnen die Ausführung des Daches etwas?	○	○
Sie kennen die Treppen, Balkone, Kamine?	○	○
Sie wissen, wie der Eingangsbereich aussieht?	○	○
Die Ausführung des Kellers?	○	○
Sie kennen die Vor- und Nachteile der Grundrißlösungen?	○	○
Können Sie die Heizung, die Elektro- und Sanitärinstallationen erklären?	○	○
Sie wissen, wie die Außenanlage aussehen soll?	○	○
Sie kennen Art, Umfang und Preise der Sonderwünsche?	○	○
Sie wissen, wann mit dem Bau begonnen wird und wann der feste Bezugstermin ist?	○	○
Sie haben das Grundstück gesehen?	○	○
Sie haben, wenn möglich, ein Musterhaus besichtigt?	○	○

Was Sie über die Finanzierung wissen sollten

	Ja	Nein
Haben Sie sich Finanzierungsmodelle erarbeitet (erarbeiten lassen), abgestimmt auf das Objekt und die Zielgruppe?	○	○
Kennen Sie den Nettoverdienst Ihres Interessenten sowie dessen Eigenkapital?	○	○
Wissen Sie über seine persönlichen Verhältnisse Bescheid (Kinderzahl, verheiratet, Kredite, heutige Miete, Beamter, Angestellter, Arbeiter usw.)?	○	○
Kennen Sie die neuesten Konditionen von mindestens drei Banken?	○	○
Wissen Sie, wie hoch die Bearbeitungsgebühren und Bereitstellungszinsen für Darlehen sind?	○	○
Kennen Sie die Tilgungsmodalitäten für Bankdarlehen und Tilgung über Lebensversicherung?	○	○
Sind Sie in der Lage, im Verkaufsgespräch den monatlichen Aufwand für den Interessenten zu errechnen?	○	○

Werden Sie sich über die Vorteile und Nachteile Ihres Produktes klar

Welche Vorteile hat mein Produkt gegenüber denen der Mitbewerber?

Welche Nachteile hat mein Produkt gegenüber denen der Mitbewerber?

Werden Sie sich über die Vorteile und Nachteile Ihres Produktes klar

Was wurde bei dem Produkt besonders gut gelöst?

Was wurde bei dem Produkt nicht gut gelöst?

5. Werbung – Norbert E. und die Medien

„Ich bin für keinen mehr zu sprechen – und denken Sie bitte an meinen Kaffee!“ rief Norbert E. seiner Sekretärin quer über den Flur zu. „Für die Werbung brauche ich absolute Ruhe“, sagte er noch vor sich hin, indem er die sonst immer offene Bürotür zuzog. Norbert E. machte nun schon seit gut vier Monaten die Werbung für Immobilien Altenburg. Und das immer dienstags nach 15 Uhr.

Seinen Schreibtisch hatte er abgeräumt – Platz geschaffen für die Werbeordner.

Da klopfte es an die Tür. „Frau Schieber, kommen Sie bitte herein“, rief er durch die noch geschlossene Tür, die sich nun langsam öffnete: „Ich schreibe auf, wer Sie sprechen will und bringe Ihnen, bevor ich aus dem Büro gehe, die Zettel vorbei.“ – „Danke, sehr nett von Ihnen – aber jetzt bitte keine Störung mehr“, entgegnete Norbert E.

Als erstes nahm er zwei Blätter aus dem Werbeordner. Hier hatte er sich einiges Grundsätzliche über die Werbung notiert. Im Mittelpunkt stand die AIDA-Formel. Sie steht für: A = Aufmerksamkeit wecken, I = Interesse erzeugen, D = Drang hervorrufen und A = Aktionen auslösen. Und Norbert E. wußte: Werbung kann keine Immobilien verkaufen

– sie kann nur Kontakte schaffen! Dabei muß der interessierte Nachfrager selbst aktiv werden und entweder anrufen oder vorbeikommen. Nur dann gibt es eine Chance, eine Wohnung oder ein Haus zu verkaufen.

Bei seinen Anzeigen berücksichtigte Norbert E. die folgenden vier Werbeziele:

Aufmerksamkeit wecken: Nur wenn die Anzeige durch Text oder Gestaltung aus der Vielzahl der Werbebotschaften hervorsticht, wird sie wirklich von Kaufinteressenten wahrgenommen. Die Anzeige muß positiv auffallen und die Interessenten ansprechen.

Interesse erzeugen: Auch wenn die Anzeige Aufmerksamkeit erweckt hat, muß das noch lange nicht bedeuten, daß ein Nachfrager auch wirklich Interesse an der Immobilie hat. Interesse muß geweckt werden. Nur wenn die Bedürfnisse und Wertvorstellungen der Zielgruppe getroffen werden, kann es durch emotionale oder sachliche Ansprache gelingen, Kunden zu gewinnen.

Drang hervorrufen: Hat ein Leser bis hier die Werbebotschaft aufgenommen, ist es wichtig, daß er nun den Wunsch verspürt, Kontakt mit dem Makler aufzunehmen.

Aktionen auslösen: Jetzt muß der Interessent aktiv werden. Deshalb ist es wichtig, daß in der Anzeige zum Beispiel die Telefonnummer nicht fehlt. Es muß dem Nachfrager leicht gemacht werden, mit dem Maklerbüro, dem Bauträger – also dem Verkäufer der Immobilien – in Kontakt zu treten.

Norbert E. legte die Blätter zur Seite, trank zwei kleine Schlucke Kaffee und dachte an das vergangene Wochenende. Was die Fließtextanzeigen betraf, konnte er mit seiner Werbung zufrieden sein: zwischen fünf und elf Anfragen auf jede der Kleinanzeigen. Daraus würde sich bestimmt das eine oder andere Geschäft entwickeln.

Auf die gestaltete Anzeige für das Doppelhaus in Sachsenhausen hatten sich über zehn Nachfrager gemeldet, wobei die rechte Doppelhaushälfte schon heute morgen reserviert worden war. Keinen Erfolg hatte er mit der zweispaltigen Anzeige für die Eigentumswohnungen in der Stadtmitte gehabt.

„Mal sehen, wieviel Geld ich diese Woche für die Werbung ausgeben kann, wie hoch mein Wochenbudget ist", dachte Norbert E., indem er den Werbezeitenplan auffaltete. Hier waren neben den Kosten die einzelnen Werbemittel und die entsprechenden Aktionen wöchentlich vorgeplant.

Da stand zum Beispiel, daß er für gestaltete Kleinanzeigen in der regionalen Presse im 1. Halbjahr 9.000 DM zur Verfügung hatte. Geplant waren neun Wochenenden mit jeweils vier Anzeigen im Immobilienteil der regionalen Tageszeitung. Für das kommende Wochenende hatte er die Möglichkeit, zwölf Fließtextanzeigen und drei gestaltete Anzeigen zu schalten. Außerdem liefen am Mittwoch, Donnerstag, Freitag und Samstag jeweils zwei Rundfunkspots im Stadtradio. Und in 14 Tagen waren Wurfsendungen in Mietshäusern und Briefe an Kapitalanleger vorgesehen.

Mit dem Werbezeitenplan hatte er Woche für Woche eine zeitliche und sachliche Planung der Absatzmittel, die ihm deren optimalen Einsatz sicherte. Mit den Kaufberatern hatte Norbert E. am Montag abgesprochen, für welche Objekte er diese Woche Werbung machen sollte. Beginnen wollte er mit den Fließtextanzeigen; vor ihm lagen die Angebotskarteikarten und Prospekte der Objekte, für die er die Texte machen wollte.

Da war das 180 qm große 1-Familien-Haus mit 520 qm Garten im Taunus für 680.000 DM. Norbert E. legte sich seinen Anzeigenblock zurecht und schrieb:

„Anzeige 1: ‚Traumhaft schön gelegenes 1-Familien-Haus in bevorzugter Taunuslage, im Grünen und doch citynah mit über 500 qm Parkanlage für nur 680.000 DM. Rufen Sie an: 1234/5678 Immobilien Altenburg. Vereinbaren Sie einen Besichtigungstermin.‘“

Und da war die Doppelhaushälfte in Mörfelden, Baujahr 1972, mit 350 qm Grundstück und ausgebautem Dachstudio. Hier schrieb er folgendes in seinen Anzeigenblock:

„Anzeige 2: ‚Lehrer aufgepaßt! In Mörfelden haben wir eine große Doppelhaushälfte mit 36 qm großem Arbeitszimmer für Sie. Hier können Sie ungestört arbeiten, während Ihre Familie den Garten, die zwei Kinderzimmer, das große Wohn-Eßzimmer, das geräumige Bad und und ... bewohnt. Wann wollen Sie probearbeiten? Rufen Sie uns an: Immobilien Altenburg 1234/5678.‘“

Neu im Angebot war eine Dachwohnung und ein 1-Zimmer-Appartement, nur zehn Autominuten vom Zentrum entfernt. Die Dachwohnung war vom Allerfeinsten: 150 qm, mit offenem Kamin, bepflanzter Dachterrasse, Wintergarten und 50 qm Wohn-Eßzimmer. „Eine klasse Wohnung“, dachte Norbert E. „Das wäre etwas für mich - aber 950.000 DM sind auch ein stolzer Preis. Hier müssen wir einen Liebhaber finden.“

Das 1-Zimmer-Appartement im Erdgeschoß war dagegen ein Preisknüller. Nur 98.000 DM mit kleiner Küche. Norbert E. schrieb:

„Anzeige 3: ‚Wohnen über den Dächern von Frankfurt - in einer märchenhaften 150 qm großen Dachwohnung mit rustikalem offenen Kamin, Wintergarten, bepflanzter Dachterrasse und einer Ausstattung, die ihresgleichen sucht. Hier wohnen Sie fast im Zentrum und doch sehr ruhig. Herr Berger, unser Kundenberater, gibt Ihnen gerne weitere Informationen. Rufen Sie ihn an, wenn Sie das Außergewöhnliche lieben: 1234/5678 Immobilien Altenburg.‘“

„Anzeige 4: ‚1-Zimmer-Appartement mit Küche, direkt zu beziehen, nur 98.000 DM, im Zentrum von Frankfurt. Telefon: 1234/5678 Immobilien Altenburg.‘“

Und so ging es weiter, bis Norbert E. die zwölf Fließtextanzeigen formuliert hatte. Er hatte mit dieser Art Anzeigen in der letzten Zeit gute Erfahrungen gemacht. Die Leser, die sich für ein Haus oder eine Wohnung interessieren, gingen Spalte für Spalte den Immobilienteil der Tageszeitung durch. Viele mit der Erwartung, eventuell doch ein „Goldkörnchen“ zu finden. Und für Immobilien Altenburg stellten diese Kleinanzeigen die günstigste Art zu werben dar.

Für diese Inserate hatte Norbert E. eine eiserne Regel: „Niemals für ein Objekt den gleichen Text, die gleiche Ansprache wiederholen!“ Durch die Variationen der Formulierung gelang es Norbert E., Woche für Woche unterschiedliche Zielgruppen anzusprechen. Wichtig war noch, daß die einzelnen Anzeigen nicht im Block, sondern gestreut zwischen den Mitbewerberanzeigen geschaltet wurden. Doch das wußte die Zeitung. Norbert E. hatte in einem Gespräch mit der Anzeigenabteilung die Rahmenbedingungen abgeklärt, auch was die Rabatte auf die Listenpreise betraf.

Norbert E. stand von seinem Schreibtisch auf, schob seinen Bürostuhl zurück und ging die 2 Meter bis zum Fenster. Er war etwas steif vom langen Sitzen.

„Jetzt geht es an die gestalteten Anzeigen: eine Anzeige dreispaltig für fünf Reihenhäuser in Königstein, eine zweispaltige Anzeige für drei Doppelhäuser in Langen und ein einspaltiges Inserat für das 1-Familien-Haus der Eheleute Schneider in Bergheim“, dachte er und sah dem Verkehr vor seinem Fenster zu.

Fünf Minuten später saß Norbert E. wieder konzentriert an seinem Schreibtisch. Vor ihm lagen die ein-, zwei- und dreispaltigen Anzeigenrahmen von

Immobilien Altenburg. Groß und fett stand am Anzeigenfuß die Telefonnummer - und kleiner der Name und die Anschrift seiner Firma. Schon über Jahre wurde dieser Rahmen unverändert verwendet.

Durch die wöchentliche Präsenz und das gleiche Erscheinungsbild war die Altenburg-Werbung über Jahre zu einem festen Bestandteil im Immobilienteil der Tageszeitung geworden. Die Leser kannten Altenburg als einen alteingesessenen, soliden und seriösen Makler. Und heute - in einer Zeit, in der Vertrauen zum Verkäufer oft über Geschäfte oder keine Geschäfte entschied - war das ein Vorteil, den Norbert E. und auch die anderen Verkäufer zu schätzen wußten.

Norbert E. begann mit der dreispaltigen Anzeige für die Reihenhäuser in Königstein. Er überlegte, was der Vorteil Nummer 1 bei diesem Angebot war. Reihenhäuser gab es viele, selbst in Königstein war das Angebot nicht klein, mit dem Preis lag er bei den Mitbewerbern - da fiel es ihm wie Schuppen von den Augen: „Der Wald - der Wald ist es!"

Er nahm seinen Anzeigenblock, schlug die Formblätter für die gestalteten Anzeigen auf und schrieb: „Dreispaltige Anzeige, Erscheinungstag Samstag im Immobilienteil der Frankfurter Rundschau. Überschrift: ‚Waldrand-Idylle'.

Text: ‚Wohnen Sie inmitten von Natur. Wald und Wiesen, Täler und Berge, kleine Bäche, Rehe und Hasen - all das beginnt direkt hinter ihrem Garten. Ein Traum in Grün - und im Winter schöner als im Märchen. Erleben Sie es!'" Unter den Text schrieb er groß und unübersehbar: „Besichtigung Sonntag 16 - 18 Uhr, Königstein, Blauer Stein 1 - und die Telefonnummer. Mit in die Anzeige kam eine Zeichnung, die drei der fünf Reihenhäuser von der Rückseite zeigte, davor spielende Kinder im Garten und viel Wald. Wie bei allen gestalteten Anzeigen verwendete Norbert E. den Altenburg-Anzeigenrahmen.

Heute fiel es ihm leicht, Texte und Zeichnungen zu Inseraten zu komponieren. Das war nicht immer so. Für die Doppelhäuser entwarf er folgende zweispaltige Anzeige:

„Überschrift: ‚Sie wollten doch immer schon in Langen wohnen.' Text: ‚Absolut ruhig in einer Sackgasse auf einem 3000 qm großen Villengrundstück stehen drei exklusive Doppelhäuser mit Erker, Wintergarten, Kachelofen und und und ... Eines der Häuser haben wir für Sie als Musterhaus fertiggestellt.'"

Als Aktivitätenauslöser schrieb Norbert E.: „Wir zeigen Ihnen dieses Haus gerne. Kommen Sie. Sonntag 14–16 Uhr. Langen, Blumenstraße 16."

Bei diesem Inserat hatte Norbert E. eine besondere Idee für die Gestaltung: Der Text sollte nicht waagerecht, sondern schräg von links oben nach rechts unten abgedruckt werden.

Für das Haus der Eheleute Schneider in Bergheim konzipierte er dann eine einspaltige Anzeige.

„Bergheim zum Wohnfühlen" war seine Überschrift, und als Text legte er folgendes fest: „Am

Sonntag können Sie sehen, wie man in Bergheim direkt am Wald gut leben kann. Wir zeigen Ihnen das Haus vom Dach bis zum Keller. Kommen Sie und prüfen Sie alles auf Herz und Nieren. Wann? Sonntag 14–16 Uhr, Bergheim, Hangstraße 4 (die Zufahrt ist ausgeschildert)."

Zwischen Überschrift und Text ließ Norbert E. Platz für eine kleine Zeichnung des Hauses mit Garage und Garten. Wie immer hatte der Zeichner gute Arbeit geleistet. Alle Illustrationen, die er anfertigte, waren gefühlsbetont und warmherzig.

„So", dachte Norbert E. befriedigt, „die Anzeigen fürs Wochenende stehen. Ich glaube, die drei gestalteten Inserate, die auf verschiedenen Seiten im Immobilienteil erscheinen, und die zwölf Fließtextanzeigen bringen wieder genügend Neukontakte. Es muß doch schon mit dem Teufel zugehen, wenn wir nicht einige der Objekte kurzfristig beurkunden."

Letzte Woche schon hatte er bei Werbe-Dick das Bauschild für Königstein bestellt. Wichtig war, daß das Schild gleich zu Verkaufsbeginn aufgestellt worden war. Nicht später, da sonst mögliche Interessenten verlorengingen. Nicht früher, da sonst Nachfrager nicht optimal durch die Kundenberater betreut und informiert werden konnten. Denn erst mit Verkaufsbeginn waren alle Beteiligten im Maklerbüro umfangreich informiert.

Dann ist es in der Regel erst möglich, ein Objekt notariell zu verkaufen. Deshalb ist es so wichtig, daß das Bauschild zu Verkaufsbeginn am Objekt steht. Und es muß dort stehen, wo es von möglichen Interessenten gut gesehen werden kann. Manchmal ist es notwendig, zwei Schilder aufzustellen, um zum Beispiel den aus der Stadt und den in die Stadt fließenden Verkehr zu erreichen.

Norbert E. war mit dem Bauleiter des Bauträgers vor Ort an der Baustelle gewesen, um den Standort des Schildes abzustimmen. Denn ein durch die Baumaßnahmen notwendig werdendes öfteres Umstellen kostet unnötig Geld und schadet in vielen Fällen dem Aussehen des Bauschildes. Ganz wichtig ist, daß das Schild einen guten und gepflegten Eindruck auf die Interessenten macht. Verschmutzte Schilder, schlecht gemalt und gestaltet, mit abgebrochenen Ecken, von der Sonne verblaßt, werfen ein schlechtes Licht auf den Bauträger und den Verkäufer. Der Nachfrager schließt oft - wenn auch unbewußt - von der Ausführung des Bauschildes auf die Leistungsfähigkeit des Anbieters: „Ja, wenn der Bauträger noch nicht einmal in der Lage ist, ein Bauschild rechtwinklig und korrekt auszuführen - wie will der mir dann ein Haus fachgerecht bauen?"

Norbert E. hatte am Sonntag das Bauschild gesehen. Werbe-Dick hatte es genau mit Verkaufsbeginn montiert. Die Überschrift, die Zeichnung des Erdgeschoß- und Obergeschoßgrundrisses, die große Telefonnummer, der klare Text - die ganze Aufmachung stimmte. Auch der Standort. Das Schild war sehr gut von der Durchgangsstaße aus zu sehen. „Mal sehen, wer sich auf das Schild hin bei uns meldet", dachte Norbert E.

„Werbung macht mir schon Spaß", überlegte er weiter. „Seit ich die Verkaufsleitung übernommen habe und somit auch die Werbeaktivitäten bestimme, hat sich bei Altenburg schon einiges geändert. Wer hätte hier noch vor einem Jahr daran geglaubt, daß wir Werbung im Rundfunk machen! Jetzt wird am Mittwoch, Donnerstag, Freitag und Samstag unser zweiter Anzeigenblock gesendet. Frau Berger nimmt wieder alle Sendungen auf Band auf."

Die Gestaltung, die Texte, die Sprecher - Norbert E. hatte die Spots von einer Werbeagentur produzieren lassen. Und er war sehr zufrieden. Die Rundfunkwerbung lief als Serie. Die erste Sendung war wie folgt aufgebaut:

Ein Familienvater erzählt voller Stolz von seinem neuen Haus, wo er und seine Familie sich so richtig wohl fühlen. Und er hat jetzt endlich den Hobbyraum, den er sich schon lange wünschte. Wer hat ihm geholfen? Immobilien Altenburg. „Gehen Sie doch einfach einmal am Sonntag zwischen 14 und 16 Uhr nach Bergheim und sehen Sie sich ein Musterhaus an", sagt dann eine warme und angenehme Frauenstimme, unterlegt mit Musik.

Noch am gleichen Tag folgte dann der zweite Spot: Man hört Kinder ausgelassen und fröhlich spielen - zufriedene Kinder im eigenen Garten mit Sandkasten, Wippe und Schaukel. Dann sagt der kleine Tim: „Mein Papi hat uns dieses schöne Haus gekauft. Hier leben wir alle zusammen. Papi, Mami und meine zwei Schwestern. Jeder hat sein eigenes Zimmer - und hier im Garten können wir spielen und toben so lange wie wir wollen. Mein Papi sagt, daß wir das alles nur Immobilien Altenburg zu verdanken haben. Die haben uns eine günstige Finanzierung besorgt. Jetzt leben wir glücklich in unserem neuen Haus."

„Ja, kommen Sie doch mal zu Immobilien Altenburg. Vielleicht am Sonntag zwischen 14 und 16 Uhr nach Bergheim in unser Musterhaus. Auch Ihnen zeigen wir gerne den Weg zum eigenen Haus", sagt dann wieder die nette Frauenstimme.

Als dritter Spot wurde dann folgendes gesendet: Ein netter Opa erzählt: „Meine Tochter und mein Schwiegersohn haben in Frankfurt von Immobilien Altenburg ein Einfamilienhaus mit Einliegerwohnung gekauft. Und ich finde es ganz prima, daß ich mit Oma jetzt bei den Kindern wohnen kann. Wir sind eine richtige große Familie. Naja, ich mache Bernd den Garten, hol' Julia, mein Enkelchen, jeden Tag vom Kindergarten ab – es macht mir Spaß, zu helfen. Und das für die Finanzierung notwendige Eigenkapital haben wir auch um 50.000 DM aufgestockt. Es sind doch unsere Kinder. So wie wir sollten mehr ältere Menschen leben!"

Dann kommt wieder die freundliche Frauenstimme: „Ja, Immobilien Altenburg ist für jeden da. Rufen Sie die 4567 in Frankfurt an. Vereinbaren Sie einen Beratungstermin."

Im gleichen Stil wurde auch ein vierter Werbespot aufgebaut. Hier erzählte eine Hausfrau und Mutter von ihren positiven Erfahrungen mit Immobilien Altenburg.

Norbert E. sah in seinen Werbezeitenplan. Der erste Werbeblock war vor 14 Tagen gesendet worden. Der zweite jetzt diese Woche und in 14 Tagen kam der dritte Block. Am Mittwoch um 17.15 Uhr wird der Spot mit dem zufriedenen Familienvater, um 17.25 Uhr die Werbung mit Tim gesendet. Donnerstags um die gleiche Zeit dann die Sendung mit dem Opa und der glücklichen Hausfrau. Freitags dann jeweils eine Stunde später wieder die Spots vom Mittwoch und Samstag, dann um 9.05 Uhr und 9.25 Uhr noch einmal die Sendungen von Donnerstag.

Dadurch war gewährleistet, daß die Zielgruppe der möglichen Hauskäufer auch gezielt angesprochen wurde. Entweder im Auto auf der Heimfahrt von der Arbeit oder schon zu Hause. Und samstags beim gemeinsamen Frühstück der Familie. Die Ansprache erfolgte also dann, wenn die Zielgruppe guter Stimmung sein müßte.

Norbert E. überlegte: „Wir sind eines der ersten Maklerbüros, das diesen Weg der Kontaktsuche geht. Hoffentlich bleibt das noch lange so. Denn wir haben viele Neuanfrager aufgrund dieser Rundfunkwerbung.“

Norbert E. verkaufte als Verkaufsleiter immer noch mit. Und in den letzten Wochen hatte er viele Erstgespräche geführt, die durch die Werbung im Rundfunk zustande gekommen waren. Überraschend für ihn war auch die gute Abschlußquote. „So könnte das auch in der Zukunft bleiben!“ überlegte Norbert E. „Von fünf Erstkontakten drei

Finanzierungsgespräche und daraus dann ein Abschluß. So macht Verkaufen Spaß!"

Norbert E. hatte keinen Kaffee mehr. Er ging in die Kaffeeküche, schüttete Wasser in die Kaffeemaschine, füllte die Filtertüte mit Kaffee und stellte die Maschine an. Zehn Minuten später war er mit frischem Kaffee auf dem Weg zurück in sein Büro. Es war schon kurz nach 20 Uhr. Nur im Büro von Herrn Altenburg brannte noch Licht. Auch er würde bald fertig sein. Nur noch einen Entwurf für ein Flugblatt, das in der nächsten Woche an Mieter verteilt werden sollte. 5.000 Flugblätter an ausgewählte Familien in den Wohnsilos am Stadtrand. „Damit werden wir wieder einige unserer gebrauchten, preisgünstigen Häuser verkaufen. Denn wer will nicht aus diesen Hochhäusern raus?" dachte Norbert E., der mittlerweile wieder an seinem Schreibtisch saß. Da fiel ihm folgende Überschrift ein: „Warum wohnen Sie noch nicht im eigenen Haus im Grünen?"

Detailliert zeigte er auf einem DIN-A4-Blatt den Weg zum eigenen Haus für seine Zielgruppe auf. Auch ein Finanzierungsbeispiel durfte nicht fehlen. Wie bei den Anzeigen, bei der Rundfunkwerbung, dem Bauschild beachtete er auch hier die AIDA-Formel.

„Verteilt werden die Flugblätter am Dienstag und Mittwoch bis 16 Uhr. Wir werden also dann im Wohngebiet der Zielgruppe unser Infomobil stationieren. Herr Klein macht Donnerstagabend die Beratung. Morgen werde ich ihn informieren. Der wird sich freuen! Hat er doch bei der letzten Aktion in einem anderen Stadtteil zwei Abschlüsse geschafft", überlegte Norbert E.

Das Infomobil - ein Wohnmobil, eingerichtet mit allem, was für das Verkaufen notwendig war - hatte er gegen den Widerstand von Herrn Altenburg erworben. Gebraucht, versteht sich, aber in sehr gutem Zustand. Schon heute hatte sich diese Investition bezahlt gemacht. Denn nicht immer hatten sie beim Verkauf Musterhäuser zur Verfügung. Oft verkauften sie von der grünen Wiese ohne Bautenstand. Erst durch ihr Infomobil waren solche Objekte professionell zu vermarkten, erst recht im Herbst und Winter oder bei schlechtem Wetter.

„Geschafft", dachte Norbert E., während er Ordnung auf seinem Schreibtisch machte. „Morgen werde ich mit Altenburg besprechen, wie er sich die Ausstellung bei unserer Hausbank vorstellt. Wieder mit Modellen, großen farbigen Objektaufnahmen, kundenfreundlichen Grundrissen, vergrößert und auf Holz aufgezogen. Nicht zu vergessen die Bastelbögen für Kinder und eventuell ein Malwettbewerb für den Nachwuchs: ‚Wie möchte ich wohnen' als Arbeitstitel."

Kurzprospekte mußten gedruckt werden, ein Einsatzplan für die Besetzung erarbeitet werden. „Ja, es gibt viel zu tun. Aber ich tue es gern", sagte Norbert E. vor sich hin und zog die Tür zu seinem Büro von außen zu.

„Gut, daß Sie noch da sind", rief Herr Altenburg

ihm da zu. „Kann ich Sie noch zwei Minuten sprechen? Kommen Sie doch bitte in mein Büro.“

Noch bevor Norbert E. sich setzen konnte, begann Herr Altenburg: „Wissen Sie, ich bin der Meinung, wir müßten einmal feststellen lassen, was unsere Kunden so über uns sagen, wenn sie schon längere Zeit in ihrem von uns gekauften Haus leben. Da geht doch schnell Gutes oder Schlechtes von Mund zu Mund. Und schlechte Mund-zu-Mund-Propaganda kann schon mittelfristig tödlich sein. Nicht daß ich nicht von unserer Arbeit überzeugt wäre - ich will es einfach genau wissen! Entwerfen Sie doch mal einen Fragebogen. Setzen Sie einen Preis für das Ausfüllen aus und geben Sie im Sekretariat Anweisung, den Bogen den Käufern drei Monate nach ihrem Einzug zuzuschicken. Mal sehen, was rauskommt.“

„Nicht schlecht“, entgegnete Norbert E. „Zufriedene Kunden bringen oft weitere Kunden. Gute Mund-zu-Mund-Werbung ist nicht mit Geld zu bezahlen. Ich werde mir etwas einfallen lassen, so daß wir in Zukunft unser Image beim Kunden testen können. Je nachdem, wie die Befragung ausfällt, werden wir dann reagieren. Aber nicht mehr heute.“

Norbert E. verabschiedete sich von seinem Chef, verließ das Büro und fuhr in die Altstadt. Morgen würde er wieder um 9 Uhr im Büro sein und neue Aufgaben anpacken.

Beispiel einer einspaltigen Anzeige für Ihre Arbeit mit den Medien

BERGHEIM zum Wohnfühlen

Am Sonntag von 14 - 16 Uhr können Sie sehen, wie man in Bergheim direkt am Wald gut leben kann. Wir zeigen Ihnen das Haus vom Dach bis zum Keller.

Kommen Sie und prüfen Sie alles auf Herz und Nieren!
Wann?
Sonntag 14 - 16 Uhr

Bergheim, Hangstraße 4
(Die Zufahrt ist ausgeschildert!)

☎ 1234/5678
IMMOBILIEN
ALTENBURG
6000 FRANKFURT

**Beispiel einer zweispaltigen Anzeige
für Ihre Arbeit mit den Medien**

Beispiel einer dreispaltigen Anzeige für Ihre Arbeit mit den Medien

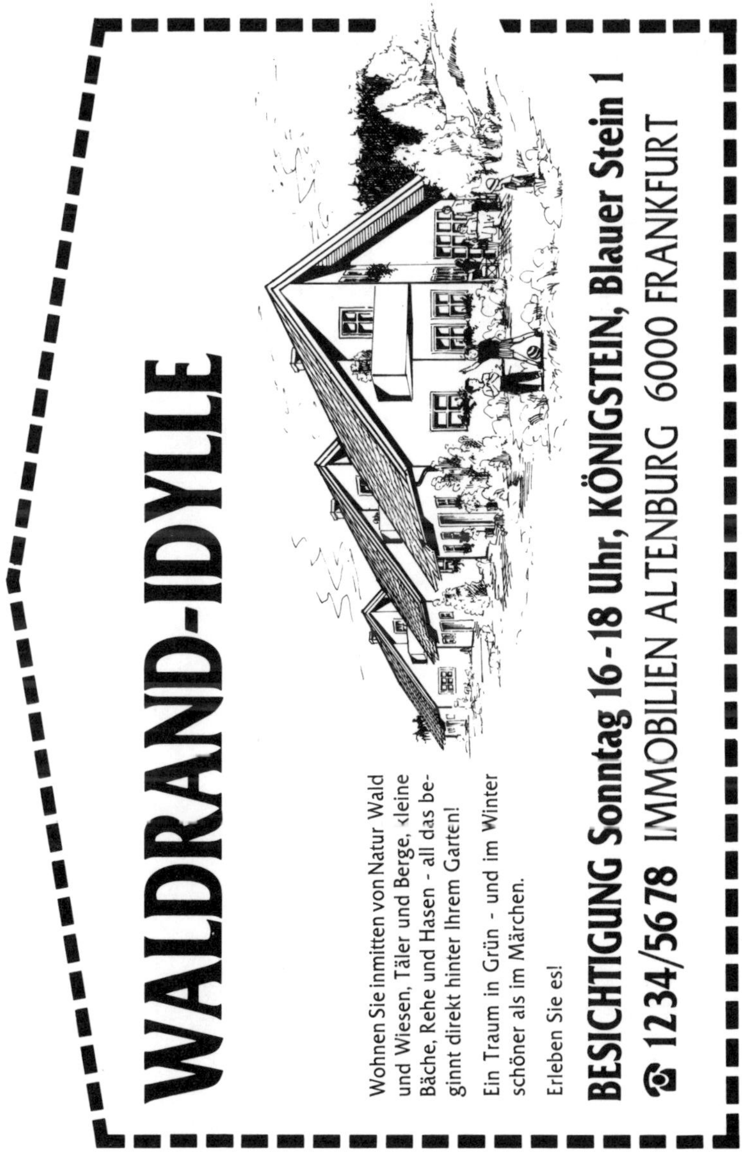

Beispiel eines Werbezeitenplans für Ihre Arbeit mit den Medien

Werbezeitenplan 1. Halbjahr 19 . . .

Werbemittel	Menge	Kosten gesamt	1	2	3	4	5	6
Regional: Tageszeitung Gestalt. Großanz.	 400.000 Aufl. 6	 12.500 DM				×	×	×
Gestalt. Kleinanz.	6 x 2	6.000 DM	×	×	×			
Fließtextanz.	10	1.500 DM				×	×	×
Ortsblätter Gestalt. Großanz.	30.000 Aufl. 4	 2.000 DM						
Gestalt. Kleinanz.	4 x 2	1.000 DM						
Anzeigenblätter Gestalt. Großanz.	500.000 Aufl. 3	 2.000 DM						
Flugblätter/ Wurfsendungen	 2 x 4.000	 1.500 DM		×				
Rundfunkspots	6 x 30 Sek.	20.500 DM						
Reg. Messen/ Ausstellungen	 1 Messe	 10.000 DM						
Überregional: Zeitschrift A Gestalt. Großanz.	 220.000 Aufl. 2	 18.000 DM						
Zeitschrift B Gestalt. Großanz.	140.000 Aufl. 2	 12.000 DM						
Direktwerbebriefe	1 x 5.000	8.000 DM						
Reserve		25.000 DM						

Quelle: „Immobilien erfolgreich verkaufen“ von Uwe Conrad und Wolfgang J. Hütter (Verlag Norman Rentrop)

Budget: 120.000 DM

Woche

7	8	9	10	11	12	13	14	15	16	17	18	19	20	21	22	23	24	25	26
					×	×	×												
									×	×	×								
×	×	×														×	×	×	×
	×	×	×	×															
												×	×	×	×				
		×	×	×															
																		×	
														×	×	×	×	×	×
																			×
	×										×								
	×										×								
						×													

Was Sie über Bauschilder wissen sollten

	Ja	Nein
Stehen Ihre Bauschilder immer mit Verkaufsbeginn und nicht früher oder später?	○	○
Ist der Standort immer mit dem Bauleiter/Architekten abgestimmt?	○	○
Ist das Bauschild/sind die Bauschilder gut von möglichen Interessenten zu sehen?	○	○
Ist die Gestaltung des Schildes klar, übersichtlich und somit gut von möglichen Käufern aufzunehmen?	○	○
Sieht das Bauschild auch nach einiger Zeit noch ordentlich aus?	○	○
Ist die AIDA-Formel berücksichtigt?		
A: Erweckt das Schild Aufmerksamkeit?	○	○
I: Entsteht Interesse bei den Nachfragern?	○	○
D: Will der Nachfrager mehr wissen?	○	○
A: Ist der Aktivitätenauslöser vorhanden?	○	○
Ist Ihre Telefonnummer groß geschrieben und gut zu merken?	○	○

6. Termine – Norbert E. macht etwas aus seinen Kontakten

Vor acht Tagen war es Norbert E. gelungen, in einer wirklich schönen Frankfurter Vorortlage eine Eigentumsanlage mit Zwei- und Dreizimmerwohnungen „einzukaufen". Der Verkaufsauftrag war unterschrieben. Und wie bei jedem Objekt dieser Größenordnung wurden die Wohnungen als erstes den Interessenten in der eigenen Kartei angeboten. Gestern hatte das Sekretariat rund 100 Briefe gezielt verschickt. Im Mittelpunkt stand die selten schöne Lage, die sehr gute Ausstattung und die optimale Verkehrsverbindung an die Innenstadt. Diese Nutzenvorteile hatten Ihren Preis: Die Wohnungen kosteten zwischen 395.000 und 795.000 DM.

Norbert E. hatte die Durchschläge der Schreiben vor sich liegen. Daneben lagen die ausgedruckten Dateien der angeschriebenen Kunden. Schon vor Jahren hatte Norbert E. eine Kundenkartei entwickelt, die speziell auf die Belange der Immobiliennachfrager abgestimmt war. Seit seine Firma über EDV-Dialogsysteme verfügte, waren alle Daten der Kunden jederzeit abrufbereit. Durch Eingabe mehrerer Suchwörter wie gewünschter Wohnort, Lage, Größe, Preis und so weiter ermittelt der Computer eigenständig die in Frage kommenden potentiellen

Interessenten und druckte auf Befehl auch die dazugehörende Kundendatei aus. Neben den persönlichen Daten wie Name, Anschrift, Familienstand, Kinderzahl und, wenn vorhanden, Familieneinkommen enthielt der Auszug auch Informationen über die Wohnwünsche der Interessenten: die bevorzugte Wohnlage, die Größe des Objektes und des Grundstückes, die Festlegung auf ein Haus oder eine Wohnung, Präferenz für einen Neu- oder Altbau und nicht zuletzt die Preisobergrenze der gewünschten Immobilie.

Norbert E. sortierte nun die jeweiligen Anschreiben zu den dazugehörigen Dateien. So hatte er alle Kundeninformationen auf einen Blick vor sich.

„Jetzt kann es losgehen", dachte er und wählte die Telefonnummer von Herrn Seigerschmitt - seinem ersten potentiellen Nachfrager. Nicht nur mit Herrn Seigerschmitt - nein, mit allen angeschriebenen Interessenten, die er erreichen konnte, führte Norbert E. an diesem Abend Telefongespräche. Dabei hatte er nur ein Ziel: Er wollte zu vielen qualifizierten persönlichen Besprechungsterminen kommen. Er wußte genau, daß am Telefon keine Wohnung zu verkaufen war.

Der vorab verschickte Infobrief erleichterte ihm die Gesprächseröffnung. Norbert E. konnte sich auf dieses Schreiben beziehen. Er führte diese Gespräche bewußt immer abends zwischen 17.30 und 20.00 Uhr, zu einer Zeit also, in der ein Anruf nicht als störend empfunden wurde. Und er konnte auch in aller Regel damit rechnen, den Hausherren zu erreichen, der dann in aller Regel von der Arbeit zurück war. Norbert E. ging diese Gespräche immer gut vorbereitet und entspannt an. Er wußte, daß potentielle Interessenten eine „Antenne“ für gezwungene, unter Zeit- oder Absatzdruck stehende Verkäufer hatten.

Sehr oft verließ er ein bis zwei Stunden vor solchen Telefon-Kontaktaktionen das Büro, spazierte durch den Stadtpark oder fuhr mit seinem Wagen einfach eine Stunde über unbefahrene Seitenstraßen im Taunus. Er wollte Abstand gewinnen, ruhig werden, um dann gelassen und locker mit den Interessenten am Telefon sprechen zu können.

Dabei ging er dann immer nach einem festen, vorher festgelegten „Fahrplan“ vor. Zuerst stellte er sich vor und begrüßte den Teilnehmer am anderen Ende der Leitung. Aus der Kartei wußte er genau, was der potentielle Kunde zu welchem Preis in welcher Lage suchte. Und genau hier setzte er dann sein Angebot an. Norbert E. bezog sich auf sein Schreiben und gab bewußt nur einige wenige, gezielte Informationen weiter. Dabei achtete er genau darauf, daß diese Angaben über das Objekt mit den Wünschen und Vorstellungen seines Gesprächspartners übereinstimmten. Der Nachfrager sollte „hungrig“ gemacht werden - hungrig nach weiteren Informationen.

In dieser Phase des Gesprächs bot Norbert E. dem Interessenten ein persönliches Gespräch - weitere Informationen also - und wenn möglich eine Objektbesichtigung an: „Darf ich Ihnen dann am Mittwoch um 17 Uhr oder am Donnerstag um 10 Uhr die Wohnung zeigen?"

Sobald er einen Termin vereinbart hatte - sein Ziel also erreicht hatte - leitete er die Abschlußphase des Gesprächs ein. Wenn Norbert E. jetzt noch die eine oder andere persönliche Information über den Gesprächspartner hatte, war es nun Zeit, diese noch zu plazieren. Ein Beispiel: „Der Garten ist wirklich so groß, daß Lario und Arno - Ihre beiden Hunde - toben können, ohne jemand anderen zu stören."

In diesem Fall wußte Norbert E. aus der Kartei, daß der Nachfrager Hundenarr war. Deshalb hatte er sich vorsorglich die Namen der Hunde notiert. Herzlich und freundlich verabschiedete sich Norbert E. dann zum Schluß - nicht ohne noch einmal kurz den Termin zu bestätigen.

Es kam aber auch oft vor, daß neue Kunden zum Beispiel aufgrund einer Zeitungsanzeige mit Norbert E. in Telefonkontakt traten. Hier fehlten ihm dann jegliche Informationen über den Interessenten.

Doch auch hier galt: Erstes Ziel für jeden Verkäufer muß es sein, zu einem persönlichen, qualifizierten Gespräch zu kommen!

Deshalb hielt Norbert E. sich auch hier an seinen Telefon-Kontaktfahrplan: Begrüßung - neugierig machen durch gezielte Teilinformationen - Vereinbaren eines Termins - Abschlußphase und freundliche Verabschiedung.

Sonntag für Sonntag – im Musterhaus oder in der Musterwohnung – im Infomobil und über die Woche im Büro hatte Norbert E. Kontakte mit neuen Nachfragern. Oft kamen an einem Sonntag 30 Neukontakte in der Musterwohnung zustande. Viele Verkäufer sind sich nicht im klaren, daß an solchen Terminen keine Wohnung verkauft werden kann – wenn nicht noch mindestens zwei andere Berater mit in der Musterwohnung sind. Sobald ein Verkäufer allein „Dienst tut", muß er sich darauf beschränken, qualifizierte Einzelgespräche für die kommende Woche zu terminieren. Denn nur dafür hat er im Musterhaus, in der Musterwohnung oder im Infomobil wirklich Zeit.

Wie Sie mehr aus Ihren Kontakten machen können

	Ja	Nein
Gehen Sie gut vorbereitet in Telefonkontakt-Aktionen?	○	○
Kennen Sie Ihr Ziel?	○	○
Haben Sie alle Informationen, bevor Sie mit Interessenten in Telefonkontakt treten?	○	○
Haben Sie sich einen festen Telefon-Fahrplan erarbeitet und schriftlich festgehalten?	○	○
Stellen Sie sich im Gespräch immer zuerst persönlich vor?	○	○
Begrüßen Sie Ihre Interessenten immer sehr herzlich?	○	○
Geben Sie auch wirklich nur gezielt ausgesuchte Informationen über das entsprechende Objekt weiter?	○	○
Ist der Nachfrager „hungrig“ nach weiteren Informationen?	○	○
Vereinbaren Sie *jetzt* den persönlichen Termin?	○	○
Leiten Sie *jetzt* mit Hilfe von persönlichen Informationen über den Kunden die Abschlußphase ein?	○	○
Verabschieden Sie sich nicht, bevor der Gesprächs- beziehungsweise Besichtigungstermin noch einmal von Ihnen kurz bestätigt wurde?	○	○

7. Dialog – Norbert E. und sein Verkaufsgespräch

Norbert E. bog mit seinem Wagen von der Hauptstraße ab. Rechts und links standen große, gesunde Bäume. Ein Wald, wie er schöner nicht sein konnte. „Wie lange steht der wohl noch?“ dachte Norbert E. Die Lautsprecher in seinem Auto spielten ihm ein altes Beatles-Lied vor. An einem Waldweg parkte Norbert E. „Ich muß abschalten – heute geht es um eine ‚Millionen-Villa‘ in Kronberg, und die Interessenten haben Anspruch auf einen gut vorbereiteten und konzentrierten Gesprächspartner.“

Norbert E. plante für seine persönliche Einstimmung eine runde Stunde ein. Schon im Büro hatte er sich fachlich gut auf das Verkaufsgespräch vorbereitet: Bedürfnisse und Wünsche der Interessenten, Hobbys, Kindergarten, Schulen, Einkaufsmöglichkeiten, Nachbarschaft, Größe des Hauses, Alter, Ausstattung, Umbauten – diese Daten und viele Informationen mehr hatte Norbert E. im Kopf.

Er spazierte einen Waldweg hoch, hörte den Vögeln zu und freute sich über die grünen Blätter an den Bäumen, die mit den Sonnenstrahlen spielten.

Seinen „roten Faden“ – seinen Ablaufplan für das Verkaufsgespräch – hatte Norbert E. im Kopf!

Phase eins war die Vorbereitung und Einstimmung. Phase zwei dann die Gesprächseröffnung. Präsentation und Information waren Phase drei und die Preisverhandlung Phase vier. Finanzierungsberatung, Abschluß und Zusammenfassung, Verabschiedung die Phasen fünf, sechs und sieben.

Norbert E. nutzte die Gesprächseröffnung soweit er konnte zur Informationssammlung über seine Gesprächspartner. Mit offenen Augen beobachtete er stets das Auftreten, die Kleidung und, wenn es möglich war, auch die Wohnung der Interessenten. Wenn er zum Beispiel seine potentiellen Kunden zu Hause abholen konnte, sah er sich immer sorgfältig um: Urlaubsfotos, Urkunden, große Schallplatten- oder CD-Sammlung, viele Blumen - alles Informationen, die er brauchen konnte, um das Gespräch mit Themen aus dem Interessenbereich seiner Gesprächspartner leichter eröffnen zu können, vielleicht über ein gemeinsames Urlaubsziel, ein Hobby oder über den Musikgeschmack des Nachfragers einen guten Einstieg in das Verkaufsgespräch zu finden.

Norbert E. stellte hier zusätzlich stets offene Fragen, so daß sein Gegenüber nicht nur mit nein oder ja antworten konnte, sondern stets gezwungen war, mehr über sich preiszugeben.

Ein Beispiel soll dies verdeutlichen: „Können Sie mir sagen, warum Sie vor Jahren gerade in diese Gegend gezogen sind?“ Auf diese Frage mußte der Interessent schon eine etwas ausführlichere Antwort geben, denn nur mit ja oder nein war diese Frage nicht zu beantworten. Und schon wußte Norbert E. wieder etwas mehr über den Interessenten.

Auf dem Weg von der Wohnung des potentiellen Kunden zum Verkaufsobjekt sprach Norbert E. in aller Regel mit den Nachfragern noch nicht über das zu verkaufende Haus oder die zu verkaufende Wohnung. Als erstes „verkaufte er sich als Mensch“. Denn wenn der Kunde ihn als Mensch akzeptierte – dem Verkäufer vertraute – dann konnte sich ein erfolgreiches Verkaufsgespräch entwickeln.

Mit der Präsentation und den Informationen begann Norbert E. immer schon kurz vor dem Erreichen des Verkaufsobjektes. Denn das Wohnviertel und die direkte Nachbarschaft, der Kindergarten, der nur wenige Gehminuten von der Wohnung oder dem Haus entfernt war, Tennisplätze, Reithalle, Einkaufsmöglichkeiten und viele Vorteile mehr stellte Norbert E. den Nachfragern vor.

Dabei achtete er stets darauf, nur die Infrastrukturdaten weiterzugeben, die für seine Gesprächspartner auch wirklich von Interesse waren. Einem kinderlosen Ehepaar um die fünfzig zeigte er sicherlich nicht den Kindergarten, sondern zum Beispiel die Tennisplätze, die ruhigen Spazierwege direkt hinter dem Haus, das Schwimmzentrum mit Sauna und Solarium.

Bevor Norbert E. mit seinen potentiellen Kunden in das zu verkaufende Objekt ging, machte er – wenn möglich – einen kleinen Rundgang durch den Garten, eine Außenbesichtigung. Wie später bei der Präsentation im Haus oder der Wohnung versuchte Norbert E. ständig, einen Dialog aufrechtzuhalten.

Die Vorstellung des Objektes wickelte er immer nach dem gleichen Grundmuster ab. Er führte die Interessenten von der Diele ins Wohnzimmer, von dort ins Eßzimmer, dann in die Küche und erst zuletzt in Kinderzimmer, Schlafzimmer, Bad und WC. Falls ein Studio vorhanden war, ging es dort hinein und zum Schluß in den Keller. Dabei vermied es Norbert E., seinen Gästen Informationen zu geben, die sie selbst aufnehmen konnten. Fragen jedoch – egal welcher Art – beantwortete er natürlich ausführlich und korrekt.

Sehr oft präsentierte Norbert E. potentiellen Nachfragern Häuser, in denen die Verkäufer noch wohnten. Bei einem Kaffee im Wohnzimmer, eventuell am offenen Kamin, kamen nun die Kaufinteressenten und die Verkäufer zusammen. Dabei übernahm Norbert E. die Rolle des Vermittlers. Doch bevor es zur Preisverhandlung kommen konnte, faßte er noch einmal alle Vorteile des Objektes zusammen und beantwortete alle Fragen seiner Gesprächspartner.

Jetzt war es wichtig, mit viel Feingefühl einen Preiskompromiß zwischen Anbieter und Nachfrager herzustellen. Grundsätzlich würde der Verkäufer seinen Preis vertreten. Doch kleinere Zugeständnisse bis zu 3 Prozent vom Kaufpreis waren oft unerläßlich, um zu einem Abschluß zu kommen.

Die Phase fünf – die Finanzierungsberatung – würde grundsätzlich nie im Beisein des Noch-Hauseigentümers geführt. Norbert E. prüfte nur mit gezielten Fragen über das Eigenkapital und den Verdienst die grundsätzliche Machbarkeit einer Finanzierung. Von Fall zu Fall - je nachdem, ob der Kunde es wünschte - ermittelte er auch grob den monatlichen Aufwand für den Käufer. Für die Finanzierungsberatung selbst vereinbarte Norbert E. immer sofort einen besonderen Termin für den nächsten Werktag.

In der Abschlußphase des Gesprächs war der Verkäufer gefordert, eine verbindliche positive Entscheidung herbeizuführen. Es begann die „heiße Phase". Es ging um alles oder nichts. Dabei wußte Norbert E. schon lange, daß er jetzt und nicht erst am nächsten Tag oder in ein bis zwei Wochen zu einer Entscheidung kommen mußte.

Deshalb war es dann auch an der Zeit, den Verkaufsabschluß einzuleiten. Norbert E. bot den Interessenten entweder einen verbindlichen Termin zum Abschluß des notariellen Kaufvertrages an oder - besser noch - die Unterzeichnung einer Kauf-/Reservierungsvereinbarung mit schriftlich fixiertem Notartermin. Nach Unterzeichnung dieser Vereinbarung mußte der Käufer das Gefühl haben, rundherum richtig entschieden zu haben.

In der Phase sieben des Verkaufsgesprächs - Zusammenfassung und Verabschiedung - lockerte sich schließlich die Atmosphäre. Der richtige Schritt war getan. Norbert E. faßte noch einmal alle wichtigen Daten des Kaufes zusammen und verabschiedete sich danach.

Norbert E. sah auf seine Uhr: Kurz vor 17 Uhr. Er hatte noch 25 Minuten Zeit, „frische Luft zu tanken". Dann würde er zu Familie Schlindwein fahren, sie abholen und ... ja – ihr die Villa in Kronberg verkaufen!

Wie Sie mehr aus Ihren Verkaufsgesprächen machen

Die sieben Phasen des Verkaufsgespräches:

Phase 1: Vorbereitung und Einstimmung

Phase 2: Gesprächseröffnung

Phase 3: Präsentation und Information

Phase 4: Preisverhandlung

Phase 5: Finanzierungsberatung

Phase 6: Abschlußphase

Phase 7: Zusammenfassung und Verabschiedung

8. Makler – Norbert E. vermittelt gebrauchte Immobilien

Norbert E. war auf dem Weg vom Bad ins angrenzende Schlafzimmer. Schon vor zwei Jahren war er hier eingezogen, in seine Eigentumswohnung hoch über den Dächern von Bad Homburg, mit herrlichem Rundblick, begrünter Dachterrasse, offenem Kamin, großem Wohn-Eßzimmer, Schlafzimmer mit Bad, Gäste-WC und einem 20 qm großem Arbeitszimmer.

„Eine Wohnung vom Allerfeinsten“, dachte Norbert E., während er sich anzog. „Hier läßt es sich leben – und wenn ich bedenke, daß sie bis auf einen kleinen Restbetrag schon bezahlt ist, dann hat sich mein jahrelanger Arbeitseinsatz auch finanziell gelohnt.“ Ja, Norbert E. hatte in den letzten Jahren gutes Geld verdient. Und mit Erfahrung und Glück war es ihm dann gelungen, diese Wohnung zu finden und noch unter dem Marktpreis zu erwerben. Ein Goldkörnchen!

Vor über zehn Jahren hatte Norbert E. bei Immobilien Altenburg als Kaufberater begonnen, fünfeinhalb Jahre später war er Verkaufsleiter geworden und nun war er schon fast zwei Jahre als Immobilienmakler in Frankfurt selbständig.

12 Jahre war es her, daß er zum erstenmal in das Büro von Immobilien Altenburg gefahren war. Damals noch mit dem alten, klapprigen VW, fast ohne Geld in der Tasche.

Dann hatte er alle Karrierestufen durchlaufen: vom Kaufberater bis zum Verkaufsleiter - ja, und heute war er selbständig.

Auch jetzt mußte er kämpfen. Doch wenn er überlegte, war er mit dem von ihm gewählten Weg zufrieden. Denn heute war er erfolgreich und auch glücklich.

Doch nicht am Ende seiner Wünsche! Er wollte noch mehr ...

Norbert E. hatte im Zentrum von Frankfurt ein Büro mit einem schönen Empfang, zwei Büroräumen und einem gemütlichen Besprechungszimmer. Die Einrichtung seiner Geschäftsräume hatte er gemeinsam mit einer befreundeten Innenarchitektin ausgewählt. Hier stimmte einfach alles - von den Möbeln über die Farbgestaltung der Räume bis hin zum Kaffeegeschirr.

Aber auch das Arbeiten machte hier Spaß. Gleich von vornherein hatte Norbert E. eine Sekretärin, Frau Stein, und einen Verkäufer, Herrn Hellmund, eingestellt. Frau Stein, 30 Jahre alt, war eine starke Persönlichkeit, die das ganze Büro sehr zuverlässig führte, nicht jedes Wort auf die Goldwaage legte und sehr gut mit Kunden umgehen konnte.

Sie macht ihre Sache gut. Schon seit Jahren kannte Norbert E. Bernd Hellmund. Er vermarktete für einen Bauträger erfolgreich Häuser und Wohnungen. Und als Norbert E. sich selbständig machte, hatte er ihn als ersten angesprochen und dann eingestellt.

Bernd Hellmund war im gleichen Alter wie Norbert E., doch durch seinen immer topgestylten Haarschnitt, den dunkelblauen Ein- oder Zweireiher und die obligatorische englische Clubkrawatte wirkt er einige Jahre älter.

Inzwischen war Norbert E. angekleidet. Er hatte eine Flasche französischen Rotwein geöffnet und saß jetzt vor dem aus Natursteinen gemauerten offenen Kamin. Darin brannte ein Holzfeuer, das den ganzen Raum wärmte. „Jetzt wird Bernd bald kommen", überlegte Norbert E., während er auf seine goldene Armbanduhr schaute. „Unpünktlichkeit kann er auf den Tod nicht leiden."

Norbert E. hatte einiges erreicht mit 12 Jahren harter und zielorientierter Arbeit. Und auch mit dem nötigen Glück. Da war mittlerweile ein gutgehendes Büro in der Innenstadt von Frankfurt und eine Super-Eigentumswohnung in bester Lage von Bad Homburg.

Nicht zu vergessen seine Reisen. Ob auf dem Plaza de Oriente oder dem Plaza Mayor in Madrid bei einem Glas Wein, im Hyde Park in London, in Dublin in einem Pub, am Felsendom von Jerusalem, in Rom und Neapel – überall dort hatte Norbert E. andere Menschen kennengelernt und an Lebenserfahrung gewonnen.

Ja, er hatte einiges erreicht. Doch es gab noch viel zu tun! Heute wollte er mit Bernd Hellmund über die geschäftliche Zukunft reden. Norbert E. hatte sich in den Kopf gesetzt, sein Büro zu einem führenden Frankfurter Maklerunternehmen zu machen. Mit eigener Verkaufsmannschaft und allem, was dazu gehörte. Auch hier wußte er, daß das nicht von heute auf morgen zu realisieren war.

Durch das Schellen der Türklingel wurde Norbert E. aus seinen Gedanken gerissen. Er ging in den Flur, betätigte den Türöffner und lächelte: „Pünktlich wie ein Maurer – ja, so ist der Bernd. Das wird heute bestimmt wieder ein schöner Abend."

Am nächsten Morgen waren Bernd Hellmund und Norbert E. wieder um 9 Uhr im Büro. Schon seit 8 Uhr besetzte Frau Stein das Telefon. Im Büro hatten Sie sich geeinigt, daß zwischen 8 und 18 Uhr von Montag bis Freitag und samstags von 9 bis 14 Uhr ständig jemand für mögliche Kunden ansprechbar war. Der Anrufbeantworter wurde nur außerhalb dieser Zeiten eingeschaltet.

Schon von Anfang an kümmerte sich Norbert E. um den Einkauf. Er führte nicht nur die Gespräche mit den Bauträgern, er beschaffte auch die gebrauchten Häuser und Wohnungen, die sein Unternehmen benötigte, um erfolgreich verkaufen zu können.

„Im Einkauf liegt der Segen", das wußte auch Norbert E. Für ihn und sein Unternehmen war es von entscheidender Wichtigkeit, ständig über genügend Verkaufsobjekte zu verfügen, die sich kurzfristig im Markt verkaufen ließen. Sein Angebot mußte marktgerecht sein, das hieß: Das Objekt selbst, der Preis, die Lage und vieles mehr mußten die Bedürfnisse mindestens eines bekannten potentiellen Nachfragers befriedigen. Aber auch die ständige Präsenz in allen Bereichen des Arbeitsgebietes mit niedrig-, mittel- und hochpreisigen Häusern und Wohnungen war für Norbert E. ein wichtiges Ziel. Denn wenn er in allen Stadtteilen zu unterschiedlichen Preisen verschiedene Objekte marktgerecht anbieten konnte, so war er sehr oft in der Lage, die Wünsche und Vorstellungen seiner Kunden zu erfüllen und somit gute und schnelle Geschäfte zu machen.

Deshalb arbeitete Norbert E. nach folgender Regel: „Ich werde nur Häuser oder Wohnungen in den Verkauf nehmen, die kurzfristig am Markt eine Chance haben, verkauft zu werden. Denn nicht marktfähige Objekte kosten Zeit und Geld mit wenig Aussicht auf kurzfristigen Erfolg."

Dabei spielte die Lage eine immer entscheidendere Rolle. Häuser und Wohnungen in exzellenten Lagen waren fast zu jedem Preis zu verkaufen. Doch das Angebot an solchen „Goldlagen" war sehr begrenzt. Deshalb waren die guten Stadtlagen, die „Silberlagen" mit angenehmem Umfeld in ruhigen Seitenstraßen sehr gefragt. Und deren Preise entsprechend hoch. Da sich nicht viele Menschen diese Kaufpreise leisten konnten, wurde die Mehrzahl der Gebrauchthäuser in mittleren Lagen angeboten und auch verkauft. Norbert E. wußte: Wenn es ihm gelang, an „Goldkörnchen" zu kommen, war sein Verkaufserfolg kurzfristig vorprogrammiert. Er wußte aber auch, daß er die Mehrzahl seiner Geschäfte mit „Silberlagen" oder mittleren Lagen machen würde. Deshalb war es für ihn wichtig, die zu verkaufenden Objekte in ihrer Gesamtheit richtig zu bewerten.

Schon bei Immobilien Altenburg hatte er derartige Bewertungen durchgeführt. Er kannte sich aus. Norbert E. hatte mittlerweile gute Marktkenntnisse, ein Faktor der bei seiner täglichen Arbeit nicht zu unterschätzen war. Aber darauf allein konnte und wollte er sich nicht verlassen.

Bei der Bewertung von gebrauchten Häusern zum Beispiel ging er immer wie folgt vor: Frau Stein führte seit Bestehen seiner Immobilienfirma eine „Marktbeobachtung Gebrauchthäuser und -wohnungen" durch. Wöchentlich. Aus dem Immobilienteil der Tageszeitung und der Wochenblätter schnitt sie jeden Montag alle Inserate aus, die im Arbeitsbereich des Unternehmens lagen.

Für jede Stadt, für jeden Ort – ja, für viele Stadtteile wurden getrennte Blätter angelegt, auf die die einzelnen Inserate geklebt werden.

Bei Immobilien Altenburg hatte diese Arbeit ein Computer übernommen. Eine Sekretärin hatte Woche für Woche die entsprechenden Daten aus den Anzeigen eingegeben, so daß Norbert E. beim Einkauf von Objekten ständig auf ausgewertete Marktdaten zurückgreifen konnte. Aber von Hand ging es auch. Norbert E. wußte ständig, welche Objekte an welchen Stellen zu welchen Preisen von wem angeboten wurden. Und oft gelang es ihm sogar festzustellen, wie lange das jeweilige Objekt am Markt war, bis es verkauft wurde: Frau Stein notierte jeweils hinter der Anzeige die Termine der Folgeanzeigen für das angebotene Haus. Hatte Norbert E. nun die Aufgabe, ein Haus zu bewerten, so konnte er anhand der Marktanalyse den Preisrahmen festlegen. Ein Beispiel: In Bergen-Enkheim wurden acht gebrauchte Häuser angeboten, vier freistehende, drei Doppelhaushälften und ein Reihenmittelhaus.

Norbert E. sollte nun für ein anderes freistehendes Haus in Enkheim den Preis festlegen. Aus seiner Marktbeobachtung hatte er drei Angebote von freistehenden Häusern ins Auge gefaßt. Alle in mittleren Lagen, um 500 qm Grundstücksanteil und etwa 20 Jahre alt. Die Preise lagen zwischen 420.000 und 480.000 DM. Eine Doppelhaushälfte, nur 500 Meter von dem zu bewertenden Objekt, wurde für 395.000 DM angeboten. Er kannte sich in Enkheim gut aus; somit waren ihm die einzelnen Lagen bekannt.

Bevor er vor Ort die genaue Prüfung durchführte, lag daher für ihn schon der Preisrahmen fest, denn er hatte die wesentlichen, ihm bekannten Faktoren der Fremdangebote in eine Liste eingetragen. Somit war ein Vorvergleich möglich. Unter normalen Bedingungen würde der Marktpreis für das zu bewertende Objekt aufgrund seines über 650 qm großen Grundstückes zwischen 440.000 DM und 460.000 DM liegen.

Doch den wirklichen Marktpreis konnte Norbert E. erst nach einer Besichtigung und einer rechnerischen Ermittlung festlegen. Dabei hatte das Haus in unserem Beispiel folgende Daten: 650 qm Grundstück, Haus 840 m^3 umbauter Raum laut Bauplan, Baujahr 1968. Der tatsächlich gezahlte Grundstückspreis in der Straße, in der das Objekt lag, betrug laut Auskunft des Gutachterausschusses der Stadt 400 DM pro qm, die heutigen Baukosten 350 DM/qm.

Somit ergab sich folgende Rechnung: 650 qm Grundstück x 400 DM = 260.000 DM Grundstücksanteil. 840 m^3 umbauter Raum x 350 DM/qm = 294.000 DM heutige Baukosten. Somit ergab sich eine Summe von 554.000 DM. Bis heute hatte der Eigentümer nicht wertsteigernd modernisiert oder renoviert; damit betrug die Abschreibung 1 Prozent pro Jahr - in 20 Jahren also 110.800 DM. Der rechnerische Wert des Hauses mit Grundstück lag somit bei 443.200 DM (= 554.000 DM – 110.800 DM).

Nach der Besichtigung des zu verkaufenden Objektes und (soweit möglich) der Mitbewerberangebote, nach Berücksichtigung des Marktes und der rechnerischen Wertermittlung legte Norbert E. hier den Angebotspreis im Einverständnis mit dem Verkäufer auf 449.500 DM fest. Einig wurde er sich mit dem Verkäufer bei einem Verkaufspreis von 443.200 DM; die Differenz von 6.300 DM stellt den Verhandlungsspielraum dar, denn heute wird in der Regel kein Haus zum angebotenen Preis beurkundet.

Schon nach kurzer Zeit verkaufte Bernd Hellmund das Haus zum Preis von 447.000 DM. Alle waren zufrieden: der Verkäufer, der in kürzester Zeit den Kaufpreis auf seinem Konto hatte, der Käufer, der ein Haus dort kaufen konnte, wo er immer schon wohnen wollte, und Norbert E. der seine Provision erhalten hatte.

Nicht immer war es im Gebrauchtimmobiliengeschäft so einfach. Oft war es notwendig, das zu verkaufende Objekt aufzubereiten.

Ansatzpunkte gab es genug; da hatte Norbert E. schon viel erlebt. Er hatte Hausverkäufer getroffen, die nach kleineren Investitionen durch den Verkauf ihres Hauses sehr viel Geld in kurzer Zeit „verdient“ hatten.

Norbert E. hatte sich schon vor Jahren eine Checkliste erarbeitet, die er immer zur Hand nahm, wenn es an die Objektaufbereitung ging.

Er prüfte, ob der Vorgarten gepflegt war, der Rasen frisch gemäht, Zäune, Mauern, Hecken in Ordnung, die Fassade des Hauses und der Garage ansprechend, die Zuwege und Zufahrten in Schuß, die Außenbeleuchtung funktionsfähig, das Haus innen gepflegt und wohnlich, die Kellerwände trocken und der Keller gelüftet, die Fenster gestrichen waren, ob die Bodenbeläge erneuert werden mußten, die Wände, Decken und Türen einen neuen Anstrich brauchten, die Tapeten noch vorzeigbar waren, das Bad neuzeitlichen Wohnvorstellungen entsprach, alle Zimmer sauber waren, die Heizung einwandfrei funktionierte, die Wasser-, Elektro-, und andere Leitungen intakt waren und ob eventuell Umbauten notwendig waren.

Parallel dazu schätzte er die Kosten, die bei einer eventuellen Mängelbeseitigung anfallen würden. Mit dem Hausherrn wurde dann festgelegt, welche der Arbeiten ausgeführt werden sollten. Norbert E. erinnerte sich an ein Einfamilienhaus in einem Frankfurter Vorort. Auf den ersten Blick war das Haus in einem sehr schlechten Zustand: der Garten verwildert, die Fassade durch den Zahn der Zeit schmutzig, das Bad auf dem Stand der 50er Jahre. Die Lage, die Bausubstanz, die Aufteilung der Zimmer waren ansonsten ok.

„Ich würde Ihnen raten, das Haus neu zu streichen und Ihr Badezimmer den heutigen Wünschen und Vorstellungen der Interessenten anzupassen. Wenn Sie bereit sind, 10.000 DM zu investieren, bin ich sicher, daß wir Ihr Haus für 590.000 DM verkaufen könnten. So wie es jetzt hier steht und liegt, wird es selbst bei 540.000 DM schwierig, kurzfristig einen Käufer zu finden. Gerade Häuser werden ‚mit den Augen gekauft'. Und viele Nachfrager können sich ihr Haus einfach nicht mit neuem Anstrich und schönem Bad vorstellen. Ach so – den Garten sollten Sie auch in Ordnung bringen", sagte Norbert E. zu dem Hauseigentümer.

Gesagt, getan! Norbert E. half bei der Auftragsvergabe an den Maler und den Installateur. Drei Wochen später war das Haus nicht mehr wiederzuerkennen: neuer Anstrich, gepflegter Garten, modernes Bad – ja, jetzt stimmte alles. Und – innerhalb von vier Wochen wurde das Haus für 590.000 DM verkauft. An die Handwerker zahlten die Hausverkäufer 9.200 DM. Nicht nur, daß es mit dem Verkauf sehr schnell ging - nein, durch die Investition von 9.200 DM hatten die Verkäufer einen zusätzlichen Gewinn von 40.800 DM erzielt. Und Norbert E. war auch zufrieden. Er hatte innerhalb kurzer Zeit - ohne viele Besichtigungen, Anzeigen und Gespräche führen zu müssen - die Provision auf seinem Konto.

Doch nicht nur bei Häusern war die Objektaufbereitung wichtig. Norbert E. hatte den Auftrag, mehrere 1-Zimmer-Wohnungen am Stadtrand zu verkaufen. Diese Eigentumswohnungen bestanden jeweils aus einer kleinen Küche, einem Bad und einem 40 (!) qm großen Wohn-Schlafzimmer. Schon bei der ersten Besichtigung erkannte Norbert E. die Schwierigkeiten.

„Viele Nachfrager wollen ein getrenntes Schlafzimmer und nicht Wohnen und Schlafen in einem Zimmer. Diese Wohnungen sind so, wie sie jetzt sind, nur schwer zu verkaufen“, erklärte Norbert E. dem Bauträger. „Sie sollten eine Trennwand einziehen und somit zwei Zimmer schaffen - ein Schlafzimmer von zirka 15 qm und ein Wohnzimmer um 25 qm. Diese Teilung bietet sich hier direkt an“, fuhr Norbert E. fort. „Und wir können dann die Appartements als Wohnungen mit zwei Zimmern, Küche, Bad teurer und auch schneller verkaufen.“

Norbert E. wußte, daß er durch derartige Vorschläge schon manchem Verkäufer viele Probleme abgenommen hatte. Für ihn war die Zeit, die er in die Objektaufbereitung steckte, oft erfolgsentscheidend. Denn wer kommt schon auf die Idee, sein Auto zum Verkauf anzubieten, ohne es vorher zu waschen, zu polieren und innen gründlich zu reinigen? Beim Verkauf eines Hauses oder einer Wohnung sollte das nicht anders sein.

Norbert E. war auf dem Weg zu einem Interessenten. Ihm wollte er die Doppelhaushälfte in der Berliner Straße zeigen. Vorher hatte er bei den Eigentümern des Hauses angerufen und seinen Besuch für 16 Uhr angekündigt. Diese wußten Bescheid, wie alle Eigentümer, die ihr Objekt durch Norbert E. verkaufen ließen. Sie wußten, wie wichtig eine gelockerte Atmosphäre bei der Präsentation ihres Hauses war. Norbert E. erzählte ihnen immer gleich nach Abschluß des Maklervertrages folgende Geschichte:

„Kennen Sie den Duft frisch gekochten Kaffees? Wie angenehm empfinden Sie es doch immer, wenn Sie Freunde besuchen und es wird gerade im Moment frischer Kaffee gekocht. Stellen Sie sich bitte einmal vor, Sie wären im Augenblick auf dem Weg zu Freunden. Was erwarten Sie? Sie erwarten doch sicherlich einen freundlichen Empfang, eine gepflegte, angenehme Atmosphäre und Aufmerksamkeit, die Ihnen zuteil wird. Sehen Sie, genauso verhält es sich, wenn ein Kaufinteressent zu Ihnen kommt, um Ihr Haus zu besichtigen. Auch er hat eine ähnliche Erwartungshaltung. Deshalb ist es wichtig, daß seine Erwartungen erfüllt werden. Schaffen Sie Atmosphäre! Legen Sie ruhig eine Platte auf oder schalten Sie Musik im Radio ein. Wir werden dann den Interessenten wie einen Freund durch Ihr Haus führen."

Schon oft hatte diese Art der Präsentation kurzfristig zu Verkäufen geführt.

Mittlerweile war Norbert E. mit dem Interessentenehepaar in der Berliner Straße angekommen. Er parkte seinen Wagen direkt vor dem Haus, und gemeinsam gingen sie dann durch den kleinen, sehr gepflegten Vorgarten zu der Doppelhaushälfte. Die Ehefrau des Verkäufers begrüßte alle freundlich. Schon im Flur konnte man den frischen Kaffee riechen. Norbert E. führte das Nachfragerehepaar wie gute Freunde durch das Haus. Dabei ersparte er sich jedoch Erläuterungen zur Innenausstattung oder zur Aufteilung des Hauses. Denn daß der Teppichboden beige war und aus Velours, sahen die Besucher selbst. Norbert E. gab ihnen Informationen zur Lage des Hauses, die sie selbst im Moment nicht erkennen konnten: „Der Kindergarten ist nur zwei Straßen entfernt, und Sie können ihre Einkäufe im Umkreis von 500 Metern erledigen. Bus und Bahn sind zu Fuß zu erreichen." Er vermied es, jeweils die Entstehungsgeschichte der holzvertäfelten Decke im Wohnzimmer und des Hobbyraums im Keller zu erzählen.

„Darf ich Ihnen allen eine Tasse Kaffee anbieten?" fragte die Hausherrin, als man mit dem Rundgang zu Ende war. Mittlerweile war auch der Eigentümer eingetroffen. Sehr schnell entwickelte sich ein lockeres Gespräch. Und es dauerte nicht lange, bis aus der Präsentation ein zwangloses Verkaufsgespräch vor dem offenen Kamin wurde.

Zwei Stunden später war Norbert E. auf dem Weg zurück zu seinem Büro. „Kann klappen", dachte er. „Morgen werden wir genau wissen, wie hoch die monatliche finanzielle Belastung für die Eheleute Stein sein wird. Die Doppelhaushälfte selbst, die Lage, der kleine Garten – den Steins hat es gefallen."

Norbert E. war sich mit Bernd Hellmund einig: Beim Verkauf von gebrauchten Immobilien war der „Körperkontakt" von entscheidender Bedeutung. Ihm war klar, daß man in einem Exposé nicht leben konnte. Deshalb legten Sie so viel Wert auf die Präsentation und das anschließende Verkaufsgespräch. Erst danach bediente sich Norbert E. des Kurzprospektes.

Der bestand bei gebrauchten Immobilien in der Regel aus einer DIN-A4-Seite. Neben einem Foto des Objektes wurden auf der Vorderseite die Vorteile seiner Lage herausgestellt. Auf der Rückseite beschrieb Norbert E. die Ausstattung und den Funktionsablauf der Grundrisse (oft wurden auch die Grundrisse abgedruckt).

Aber wie gesagt: „Kein Exposé vor Besichtigung." Daran hielten sie sich alle!

Und an noch etwas hielten sie sich: Bevor es zu einer Besichtigung kommen konnte, mußten sie genau wissen, was der Interessent wollte und was er bezahlen konnte. Diese Bedarfsanalyse war für Norbert E. sehr wichtig. Nur wenn er die Wünsche und Vorstellungen der Nachfrager kannte, war er in der Lage, ihnen entsprechende Angebote zu unterbreiten. Es nützte nichts, einem Nachfrager, der sich für ein freistehendes Haus am Stadtrand bis maximal 500.000 DM interessierte, eine Super-Eigentumswohnung in der Stadt, ein Reihenhaus oder ein freistehendes Haus für 750.000 DM zu zeigen. Deshalb war es gut, wenn zwischen Makler und Interessenten vor den Besichtigungen ein Gespräch stattfand, in dem der Bedarf analysiert wurde.

In der Praxis waren aber die Nachfrager oft nicht so schnell zu einem solchen Gespräch bereit. Hier half eine Telefonbefragung. Norbert E. hatte einige Kernfragen, die er immer wieder stellte: „Wo wollen Sie wohnen - in der Stadt, am Stadtrand, auf dem Land? Haben Sie Familie? Wie viele Kinder haben Sie? Wie groß soll das Grundstück sein? Sind Sie handwerklich begabt? Brauchen Sie ein Arbeitszimmer? Was wollen Sie investieren? Nach Beantwortung dieser Fragen konnte sich Norbert E. wenigstens ein Bild von den Nachfragern machen. Er konnte eine gewisse Vorauswahl der Objekte treffen. Dann, vor der ersten Besichtigung, zum Beispiel auf der Fahrt, konnte die grobe Analyse verfeinert und vervollständigt werden. Dabei bediente sich Norbert E. der Fragetechnik. Er stellte je nach Bedarf offene oder geschlossene Fragen. Für Norbert E. war es wichtig, daß jeder Interessent die Objektangebote bekam, die seinen Bedürfnissen entsprachen. Er bemühte sich bei der Auswahl der Besichtigungsobjekte, sein Angebot schon von vornherein auf den Bedarf des Kunden zuzuschneiden. Denn nichts war frustrierender für einen Interessenten, als mit einem Makler von Objekt zu Objekt zu fahren - und keines der Häuser entsprach den Ansprüchen. Entweder waren sie zu groß, zu klein, zu teuer, zu alt, zu weit aus der Stadt, zu nah bei der Stadt oder, oder, oder ...

Da konnte es passieren, daß der Kunde schon nach dem zweiten Haus den Verkäufer bat, ihn zurückzufahren. Der Interessent war vom Makler enttäuscht, er traute ihm nicht mehr zu, sein Problem zu lösen - ihm war seine Zeit einfach zu schade, um mit diesem Makler weitere Häuser zu besichtigen, die so gar nicht seinen Vorstellungen entsprachen.

Schon bei Immobilien Altenburg hatte Norbert E. gelernt: „Mein Angebot muß, soweit es nur geht, dem Bedarf des Kunden entsprechen." Und daran hielt er sich auch heute noch mit gutem Erfolg.

Norbert E. vermarktete neue und gebrauchte Immobilien. Dabei war das eine mit dem anderen nicht zu vergleichen. Beim Vertrieb von Bauträgerobjekten war er in erster Linie als Verkäufer gefordert. Bei den gebrauchten Immobilien dagegen stand er als Mittler zwischen Kaufinteressent und Verkäufer.

Schon bei der Bewertung des Objektes war er gefordert, dem Verkäufer den Marktpreis der Immobilie zu verkaufen. Dem Kaufinteressenten dagegen mußte mit sachlichen Argumenten klargemacht werden, daß das Haus oder die Wohnung wirklich den geforderten Preis wert war. Norbert E. war gefordert, mit sachlichen Preisargumenten - nach oben und nach unten - eine Einigung zwischen Verkäufer und Kaufinteressent herzustellen.

Norbert E. fühlte sich dem Anbieter wie dem Interessenten einer gebrauchten Immobilie verpflichtet. Er war immer für beide Seiten tätig: Er vermittelte zum Marktpreis das Haus oder die Wohnung des Verkäufers und besorgte dem Interessenten oder Nachfrager ein Haus oder eine Wohnung zum Marktpreis, die dessen Wünschen und Vorstellungen entsprach. Das waren und sind seine Ziele.

Deshalb ist es in der Regel so, daß beim Gebrauchtimmobiliengeschäft der Käufer und der Verkäufer jeweils 3 Prozent Provision plus Mehrwertsteuer an den Makler zahlen. Doch die Handhabung der Provisionssätze ist regional unterschiedlich. So ist es im Rhein-Main-Gebiet und somit auch in Frankfurt üblich, daß der Verkäufer 5 Prozent Provision an den Makler zahlt. In der Regel werden diese Provisionsbeträge in den Kaufpreis mit eingerechnet.

Schon bald machte das auch Norbert E. so. Er brauchte nun nicht noch neben dem Verkaufspreis 20.000 oder 30.000 DM Maklerprovision zu „verkaufen“! Der Kunde kannte einen Preis und erhielt dafür das Objekt und alle notwendigen Serviceleistungen. Die Kauf- und Hemmschwelle „Maklercourtage“ war genommen.

Was Sie für Ihr eigenes Maklerbüro beachten sollten

	Ja	Nein
Stimmen Standort des Büros und Infrastruktur?	○	○
Stehen den Besuchern Ihres Büros genügend Parkplätze zur Verfügung?	○	○
Verfügt das Büro über genügend Außenwerbeflächen wie zum Beispiel Schaufenster (bei ebenerdigen Büros) oder Schaukästen?	○	○
Hat das Büro einen schönen Empfang (er ist Ihre „Visitenkarte")?	○	○
Steht mindestens ein abgeschlossenes Beratungszimmer zur Verfügung?	○	○
Können die Verkaufshilfen wie zum Beispiel Modelle, Muster, Materialproben, Videofilme und Bilder richtig im Besprechungszimmer präsentiert werden?	○	○
Ist die Inneneinrichtung aufeinander abgestimmt, von den Möbeln über die Farbgestaltung bis hin zum Geschirr?	○	○
Verfügt das Büro über alle notwendigen technischen Hilfsmittel?	○	○

Was Sie als Immobilienmakler über den Einkauf wissen sollten

	Ja	Nein
Beherzigen Sie bei Ihrer täglichen Arbeit den Slogan „Im Einkauf liegt der Segen“?	○	○
Verfügen Sie über genügend Verkaufsobjekte, die sich kurzfristig am Markt verkaufen lassen?	○	○
Ist Ihr Angebot marktgerecht?	○	○
Berücksichtigen Sie bei Ihrem Einkauf die Priorität der Lage? (Es gilt: Zuerst kommt die Lage, die Lage und wieder die Lage!)	○	○
Sind Sie mit Angeboten in allen Teilbereichen Ihres Marktes präsent?	○	○
Können Sie den Interessenten niedrig-, mittel- oder auch hochpreisige Objekte anbieten?	○	○
Beachten Sie folgende Regel: Es werden nur Objekte in den Verkauf genommen, die kurzfristig am Markt eine Chance haben, verkauft zu werden.	○	○
Kennen Sie Ihren Markt „wie Ihre Hosentasche“?	○	○

Was Sie bei der Marktbeobachtung von gebrauchten Häusern und Wohnungen beachten sollten

	Ja	Nein
Führen Sie wöchentlich Marktbeobachtungen durch?	○	○
Machen Sie ihre Marktbeobachtungen getrennt für die einzelnen Teilmärkte im Arbeitsgebiet?	○	○
Wissen Sie ständig, welche Objekte wer zu welchen Preisen in welchen Lagen in Ihrem Markt anbietet?	○	○
Wissen Sie bei der Mehrzahl der angebotenen Häuser oder Wohnungen, wie lange ihre Verkaufszeit ist?	○	○
Ist Ihre Marktbeobachtung ständig auf dem neuesten Stand?	○	○

So ermitteln Sie den Angebotspreis

Informationen:	Grundstücksgröße	________	qm
	Umbauter Raum laut Bauplan	________	m^3
	Baujahr	________	
	Tatsächlich gezahlter Grundstückspreis	________	DM
	heutige Baukosten	________	DM

Berechnung:

Grundstücksgröße x Grundstückspreis	=	________	DM
+ umbauter Raum x Baukosten	=	________	DM
= Summe:		________	DM
./. 1 Prozent pro Jahr Abnutzung bei _____ Jahren Alter	=	________	DM
= Rechnerischer Angebotspreis	=	________	DM

Was Sie über die Wünsche und Vorstellungen der Nachfrager wissen sollten

	Ja	Nein
Kennen Sie die Wünsche und Vorstellungen Ihrer potentiellen Kunden?	○	○
Führen Sie vor jeder Einzelbesichtigung eine Bedarfsanalyse durch und ermitteln den Bedarf des Interessenten?	○	○
Sind Sie in der Lage, bei Bedarf eine Telefonbefragung durchzuführen?	○	○
Kennen Sie die Kernfragen an Ihre Interessenten:		
- Wo wollen Sie wohnen (Stadt/Land)?	○	○
- Haben Sie Familie/Kinder?	○	○
- Wie groß soll das Grundstück sein?	○	○
- Sind Sie handwerklich begabt?	○	○
- Brauchen Sie ein Arbeitszimmer?	○	○
- Was wollen Sie und können Sie investieren?	○	○

Objektaufbereitung Ihres Hauses/Ihrer Wohnung

Name: ______________________

Objekt: ______________________

	ja	nein	Kosten für Mängelbeseitigung DM
Ist der Vorgarten gepflegt?	○	○	________
Ist der Rasen frisch gemäht?	○	○	________
Sind Zäune, Mauern, Hecken in Ordnung?	○	○	________
Wirkt die Fassade des Hauses und der Garage ansprechend?	○	○	________
Sind Zuwege und Zufahrten in Schuß?	○	○	________
Funktioniert die Außenbeleuchtung?	○	○	________
Wirkt das Haus von innen gepflegt und wohnlich?	○	○	________
Ist der Keller trocken und gelüftet?	○	○	________
Sind die Fenster (bei Wohnungen nur innen) gestrichen?	○	○	________
Müssen die Bodenbeläge erneuert werden?	○	○	________
Brauchen Wände, Decken und Türen einen neuen Anstrich?	○	○	________
Sind die Tapeten noch vorzeigbar?	○	○	________
Entspricht das Bad neuzeitlichen Wohnvorstellungen?	○	○	________
Sind alle Zimmer sauber und aufgeräumt?	○	○	________
Funktioniert die Heizung einwandfrei?	○	○	________
Sind Wasser-, Elektro- und andere Leitungen intakt?	○	○	________
Sind Umbauten notwendig?	○	○	________
Gesamtkosten für Ihre optimale Objektaufbereitung			________

Quelle: Uwe Conrad/Wolfgang J. Hütter: Verkauf von Eigentumswohnungen und Einfamilienhäusern, in: Der Immobilien-Berater, Verlag Norman Rentrop, Bonn

9. Live-Show - Norbert E. verkauft aus dem Musterhaus

„So, das wäre geschafft!“ Norbert E. hatte gerade das dritte Hinweisschild an einer Leitplanke befestigt. „Jetzt findet wirklich jeder unser Musterhaus - von der Autobahnabfahrt bis zur Straße vor dem Musterhaus beschildert - das muß sein.“

Norbert E. stieg in seinen Wagen, telefonierte noch kurz mit Bernd Hellmund, der auf dem Weg zur Besichtigung eines Gebrauchthauses war, bog dann langsam in die Kurze Straße ein und sah schon von weitem die grün-gelben Fahnen, mit denen der Wind spielte.

„Heute werde ich mindestens ein Haus verkaufen“, sagte Norbert E. leise vor sich hin. „Der Bauträger hat unsere Vorstellungen wirklich bis ins Kleinste realisiert. Und es ist ein Musterhaus vom Allerfeinsten entstanden. 16 Häuser will der Anbieter hier bauen. Ein Wohnpark für Familien mit mittlerem Geldbeutel.“

Norbert E. parkte direkt vor der Fünferzeile. Die Gruppenhäuser waren von außen fertiggestellt, drei davon schon vom Plan verkauft. Das vierte Haus war als Musterhaus komplett fertiggestellt. Jetzt sollte es richtig losgehen. Er wollte die 13 unverkauften Einheiten in sechs Wochen beurkundet haben.

Wegen des Grundstückzuschnitts bot es sich an, die Häuser in der Höhe und der Tiefe zu versetzen, so daß die Gesamtansicht aufgelockert wirkte. Obwohl die Häuser fast alle gleich waren, war es dem Bauträger gelungen, durch verschiedene Eingangslösungen, unterschiedliche Fenstergrößen und durch eine wirklich gelungene Farbkombination ein schönes und ansprechendes Gesamtbild zu schaffen. „Ja, so habe ich mir das vorgestellt", überlegte Norbert E., während er über die neu verlegten Bodenplatten zum Musterhaus ging. Auch der große Blumenkübel mit bunten Blumen neben der Haustür fehlte nicht, der Vorgarten war angelegt und direkt neben dem Briefkasten war ein Messingschild „Musterhaus - herzlich willkommen" angebracht.

Norbert E. wußte, daß die Besucher sehr schnell von der Bauleistung dieser Gruppe und des Musterhauses auf die Gesamtleistung des Bauträgers schlossen. Deshalb mußte alles hundertprozentig korrekt und sauber sein. Denn die Interessenten testeten hier die Qualität und Leistungsfähigkeit des Anbieters: „Wenn der noch nicht einmal sein Musterhaus in Ordnung bringen kann – wie will er dann unser Haus bauen?"

Deshalb muß einfach alles stimmen!

„Dingdong, dingdong" machte die Türglocke, Norbert E. hatte sie mit einem kurzen Druck auf den Klingelknopf getestet. Jetzt sperrte er die Haustür auf, ging ins Haus, schaltete alle Lichter ein und lüftete kurz durch. Die frischen Schnittblumen, die er die ganze Zeit in der Hand gehalten hatte, stellte er in eine Vase auf dem runden Eßtisch. Das Haus machte einen sauberen, wohnlichen Eindruck. Selbst er als Profi hatte das Gefühl, nur noch zwei Koffer mit seinen persönlichen Sachen mitbringen zu müssen, um hier wohnen zu können. Die Wände, die Decken, die Böden - hier harmonierten die Ton in Ton abgestimmten Farben und Materialien. Dabei verzichtete man bewußt auf bunte Tapeten - Rauhfaser, leicht abgetönt, kam am besten bei den Besuchern an. Auch der Teppichboden war einfarbig, und selbst das Badezimmer war in die Gesamtgestaltung einbezogen.

Norbert E. stand jetzt an der Badezimmertür und schaute hinein: „Es ist ein wirklich großes Bad, fast ein Wohnbad." Mit körpergerechter Badewanne, Dusche mit Duschkabine, Doppelwaschbecken, WC und Bidet sowie einer großen Blumenecke vor dem Fenster. Selbst eine „Entenfamilie" für die Kinder fehlte nicht. Rasierwasser, Creme und Seife, farblich abgestimmte Handtücher und Badematten - es war alles da. Auch hier schaltete Norbert E. die Deckenbeleuchtung und die seitlichen Spots ein. Wie im ganzen Haus.

Das Dachgeschoß war zu einem Studio mit kleiner Küche, Dusche und WC ausgebaut. Das große Giebelfenster gab bei diesem Eckhaus einen Blick über Felder und Wiesen frei. Hier wohnte wohl Opa: der Schaukelstuhl, die Stereoanlage, die Klassik-Schallplatten, Pfeife und Tabak, die alte Geige im Eckschrank und die vielen Fotos aus früheren Zeiten ..

Für die Möblierung des ganzen Hauses galt: „Wenig kann mehr sein." Es mußten Freiräume bleiben für die Träume der Besucher. Helle, freundliche Möbel und viele natürliche Blumen bildeten den Rahmen. Hinzu kamen wie im Bad „tausend" Accessoires. Das fing im Dachgeschoß an und ging über die Küche bis ins Kinderzimmer.

Bauklötze, Malblock, Wandtafel, bunt bemalte Fenster – man sah, daß sich hier Kinder wohl fühlten. Auf dem Schreibtisch im großen Kinderzimmer lagen Briefpapier und Filzschreiber, an der Wand hingen Pop-Poster von Fleetwood Mac und Sade – auch die größere Tochter (oder der Sohn) hatte ihr kleines Reich.

Die Küche war komplett eingerichtet. Die Hausfrau mußte den Eindruck gewinnen, daß sie hier sehr wohl von fünfgängigen Abendessen für den Chef ihres Mannes bis zum Sonntagskuchen für die Familie alles ohne Schwierigkeiten zubereiten konnte.

Norbert E. war gerade dabei, frischen Kaffee zu kochen, als es an der Haustür klingelte.

„Möchten Sie eine Tasse Kaffee?" begrüßte er Herrn Liebling, den Finanzierungsmann von der Bank.

„Nein danke, vielleicht nachher", antwortete Frank Liebling. „Ich bin etwas früh, aber ich will mir doch vorher noch alles genau ansehen. Wo soll ich meinen Computer aufstellen?"

„Am besten im Studio, da ist eine gemütliche Sitzecke und auch ein Schreibtisch – und Sie haben bei den Einzelberatungen die notwendige Ruhe. Ich werde Ihnen, wie sonst auch, die potentiellen Nachfrager hochbringen und vorstellen“, sagte Norbert E.

Der war schon halb im Treppenaufgang verschwunden. Sie waren ein eingespieltes Team. Schon über Jahre verkauften sie Häuser und Wohnungen zusammen. Norbert E. war sicher, daß sie auch heute wieder Erfolg haben würden.

Norbert E. trat durch die Terrassentür. Der Garten machte einen guten Eindruck. Rasen, auf dem kleine Bäume und Büsche in Gruppen standen, ein kleines Gemüse- und Blumenbeet und der große Sandkasten mit Eimer und Schaufel, die Wippe – alles so, wie er es wollte. Er wußte, daß die Besucher selbst bei schlechtem Wetter in den Garten gingen. Deshalb fehlten auch die bunten Gartenmöbel mit Sonnenschirm nicht auf der Terrasse.

Norbert E. sah auf seine Uhr: „Noch 20 Minuten“, dachte er, „jetzt wird es Zeit.“

Er schloß alle Fenster, schaltete die Heizung ein und suchte einen Musiksender im Radio. In allen Räumen war nun leise Musik zu hören. Mit drei Schritten war er am Kamin. Er überlegte ob er Feuer im Kamin machen sollte. Es war eigentlich kein „Kaminwetter“. Nicht kalt genug. Aber trotzdem! Er entfachte das Feuer.

„Das wird die wohnliche, positive Atmosphäre dieses Musterhauses abrunden“, wußte Norbert E.

„Jetzt muß jeden Moment die Stein kommen“, rief er Frank Liebling zu, der sich mittlerweile eine

Tasse Kaffee aus der Küche genommen hatte. Und als ob er Gedanken lesen konnte – in diesem Moment betrat Frau Stein das Haus. Jetzt war die Mannschaft komplett. Die Besucher konnten kommen.

Kurz nach 14 Uhr kam dann die erste Interessentenfamilie. Das Ehepaar war knapp 40 Jahre alt, gut gekleidet. Sie hatten ihren etwa 12 Jahre alten Sohn dabei. Norbert E. begrüßte sie höflich und führte sie wie gute Freunde durch das Musterhaus. Dabei vermied er es, Dinge zu erklären, die die Besucher mit eigenen Augen sehen konnten. Lieber zeigte er ihnen die Vorteile der Lage auf: die kurzen Wege zur Schule, zum Einkaufen, zur Autobahn. Er erzählte ihnen von dem Bürgermeister, der nur um die Ecke wohnte.

Er versuchte, während des Rundganges so viel wie möglich über die Nachfrager zu erfahren, um den Bedarf, die Wünsche und Vorstellungen der Besucher kennenzulernen. Normalerweise dauerte so ein Rundgang 20 Minuten. Danach konnte Norbert E. sehr gut einschätzen, ob eines der Häuser für die Interessenten in Frage kommen könnte.

Mit der Frage „Wann möchten Sie denn Ihr Haus beziehen?“ leitet Norbert E. von der Präsentation zum Verkaufsgespräch über.

„Schön wäre es, wenn wir in den Sommerferien umziehen könnten. Da hat auch mein Mann Urlaub. Und unser Bausparvertrag wird fällig“, entgegnete die Frau.

Norbert E. führte nun das Ehepaar an einen großen Übersichtsplan an der Wand: „Dann kommt für Sie der zweite Bauabschnitt in Frage. Dort ist der Bezug im Juli geplant. Und wenn Sie das rechte Endhaus nehmen, können wir Ihnen auch die zweite Garage mitliefern, die Sie so dringend brauchen. In Ihrem Haus können Sie dann noch alle Ausstattungen selbst festlegen und entscheiden, ob Sie das Dach zu einem Studio, einer Wohnung ausbauen lassen oder später den Ausbau in eigener Regie durchführen wollen."

Von Frau Stein wußte Norbert E., daß Frank Liebling zur Zeit bei einer Finanzierungsberatung war. Deshalb vereinbarte er mit dem Ehepaar einen Finanzierungstermin für Dienstag 19 Uhr in deren Wohnung. Vorab aber reservierte er ihnen schriftlich das rechte Eckhaus des zweiten Bauabschnitts bis einschließlich Dienstag. Er hatte die Kaufzusage unter der Bedingung, daß die Finanzierung für das Ehepaar sicher möglich war und der monatliche Nettoaufwand nicht über 1.500 DM liegen würde.

Norbert E. hatte sich gerade von dieser Familie verabschiedet und die Reservierung weggelegt, da stellte Frau Stein ihm die Eheleute Scheid vor.

„Herrn und Frau Scheid habe ich das Haus gezeigt und ihre Fragen soweit beantwortet. Sie müssen aber noch in diesem Quartal umziehen."

Auch dieses Ehepaar führte Norbert E. an den großen Lageplan und sagte dabei: „Da haben Sie aber Glück – wir haben in dieser Zeile noch ein unverkauftes Haus. Es ist bis auf die Maler- und die

Tapezierarbeiten, die Fliesen und die Sanitärobjekte fertiggestellt. Wenn Sie sich schnell entscheiden, können Sie dann für Ihr Haus noch die Ausstattung festlegen. Und mit dem Einzugstermin kommen wir dann auch klar."

So ging das drei Stunden. Am Ende hatte Norbert E. 16 Besucher auf seiner Liste. Darunter waren sechs, die sich das Haus nur einmal ansehen wollten, drei, die nicht finanzieren konnten, und zwei, die mit keinem gesprochen hatten.

Mit vier Ehepaaren wurde ein zweiter Besprechungstermin vereinbart, und mit einer Familie hat Norbert E. für Mittwoch 9 Uhr schon einen Notartermin festgemacht. Er war sicher, daß aus den vier Nachterminen noch zwei Abschlüsse kommen würden.

„Wir können mit diesem Ergebnis zufrieden sein. Ein Notartermin, zwei Reservierungen - ich bin mal gespannt, was Herr Hellmund erreicht hat", sagte Norbert E. zu Frau Stein und Frank Liebling, während sie auf dem Weg vom Musterhaus zu ihren Autos waren.

Norbert E. stieg in seinen Wagen, steckte den Schlüssel ins Zündschloß, legte den Schalthebel auf „R" und setzte vorsichtig zurück. Da meldete sich das Autotelefon. Bernd Hellmund war schon zu Hause. Von dort telefonierte er mit Norbert E.:

„Ich habe das Haus in der Wilhelmstraße reserviert. Notartermin ist für Donnerstag 19 Uhr vorgesehen. Ich bin sicher, daß es mit der Finanzierung keine Probleme gibt. Der Käufer hat mehr als 200.000 DM Eigenkapital. Es lief alles wie geplant.

Nachdem ich dem Besucher das Haus präsentiert hatte und wir dann bald zusammen am Kamin saßen, hatte ich leichtes Spiel. Käufer und Verkäufer einigten sich relativ schnell über den Kaufpreis, die im Haus verbleibende Kücheneinrichtung, die Gartenmöbel sowie den möglichen Bezugstermin.

Die wohnliche Atmosphäre hat viel dazu beigetragen, zu diesem schnellen Abschluß zu kommen. Du weißt sicher noch, welche Arbeit wir hatten, das Haus in den Zustand zu bringen. Erst nach langen Gesprächen war der Verkäufer bereit gewesen, die 8.000 DM zu investieren, um den Garten anzulegen, die Zufahrt mit Verbundsteinen belegen zu lassen und alle Teppichböden zu erneuern. Doch wie so oft: Diese Investition hat sich gelohnt – vor allem für ihn selbst!“

Norbert E. war zufrieden. Er antwortete Bernd Hellmund: „Super gemacht! Wenn jetzt alles gutgeht, haben wir in einer Woche vier weitere Objekte vermarktet. Wie viele Besucher waren denn eigentlich da?“

„Nur drei, und davon hat dem einen Ehepaar die Lage nicht zugesagt und das zweite konnte den Kaufpreis nicht bezahlen. Ja, und dann kam unser Käufer. Ich hatte fest damit gerechnet, daß wir heute das Haus verkaufen. Und es hat ja auch geklappt“, entgegnete Bernd Hellmund.

„Wir sollten jetzt Schluß machen, wir sehen uns morgen im Büro. Ich muß noch die Hinweisschilder abmontieren, die ich heute mittag aufgestellt habe, sonst sind die nächste Woche nicht mehr da“, sagte Norbert E., verabschiedete sich von Bernd Hellmund und legte den Telefonhörer auf.

Er war mit seinen Gedanken immer noch beim Verkauf von gebrauchten Immobilien. Da war es oft wie ein Fluch - zwei, drei Wochen war kein ernsthafter Interessent für ein bestimmtes Objekt zu finden. Irgendwie kamen sie dann mit diesem Haus oder dieser Wohnung nicht weiter. Und dann - ja, dann hätten sie die Immobilie oft gleich zweimal verkaufen können. Denn da waren dann zwei potentielle Nachfrager - alle beide bereit, mit zum Notar zu gehen. Doch an diesem Sonntag war es ja nicht so gewesen.

Mittlerweile hatte es angefangen, sehr stark zu regnen. Die Scheibenwischer drückten den Regen zur Seite und sorgten für eine freie Sicht nach vorn. Norbert E. hatte das Licht eingeschaltet und fuhr nun über den inneren Autobahnzubringer.

„Ja, der Bernd Hellmund - ein wirklicher Verkäufer, und gelernt hatte er im Musterhauszentrum Bad Vilbel.“ Norbert E. stellte die Heizung etwas höher. Dann überlegte er weiter: „Für Fertighausanbieter gibt es eine gute (und teure) Möglichkeit an Interessenten zu kommen: Sie können ein oder zwei Musterhäuser in den Musterhauszentren erstellen. Damit sind sie in der Lage, bundesweit an potentielle Nachfrager zu kommen. Aber die Präsenz vor Ort erfordert auch eine große Investitionsbereitschaft. Denn wer in diesem direkten Wettbewerb Haus gegen Haus, Anbieter gegen Anbieter, bestehen will, muß sich schon etwas einfallen lassen. Deshalb ist der Verkauf aus den Musterhäusern in den Fertighausausstellungen nicht mit dem Verkauf von Bauträgerobjekten und erst recht nicht mit dem Vermarkten von gebrauchten Immobilien zu vergleichen.“

Norbert E. kannte die Problematik sehr gut. In vielen Gesprächen hatte er sich mit Bernd Hellmund darüber unterhalten. Ein Problem war die unterschiedliche Besucherhäufigkeit. Da kamen an einem normalen Sonntag 100 bis 200 Besucher ins Musterhaus. In der Woche dagegen, von Montag bis Freitag, wenn es gut ging, täglich fünf Familien. Aber die Musterhäuser mußten auch konstant über die Woche geöffnet sein. Und das konnte sehr frustrierend für den Kaufberater sein, der dann im Musterhaus wartete. An den Sonntagen dagegen war es oft schwierig, die ernsthaften Interessenten aus dem Strom der Besucher herauszufiltern.

Das ging nur mit einer guten Fragetechnik: Mit zwei, drei Fragen mußte der Kaufberater in der Lage sein, „Prospektesammler“ von ernsthaften Interessenten zu trennen, mit Fragen wie „Wann wollen Sie bauen? Haben Sie ein Grundstück? Haben Sie sich schon Gedanken über die Finanzierung Ihres Wunschhauses gemacht?“

Ziel konnte es hier nicht sein, ein Haus zu verkaufen – nein, der Kaufberater mußte sehen, daß er zu vielen qualifizierten Besprechungsterminen über die Woche kam. Qualifiziert war ein neuer Termin nur, wenn der Interessent innerhalb von 12 Monaten bauen wollte, ein Grundstück besaß oder in einem Gebiet bauen wollte, wo es möglich war, ein Grundstück zu besorgen - und wenn der große Rahmen der Finanzierung stimmte.

Das wirkliche Verkaufsgespräch fand dann im zweiten beziehungsweise im dritten Gespräch statt.

Im zweiten Gespräch - entweder wieder im Musterhaus oder aber beim Kunden zu Hause - begann der Verkäufer mit der Bedarfsanalyse. Hier mußte es ihm gelingen, die Bedürfnisse der Nachfrager zu ermitteln und aus Vorstellungen und Wünschen das bezahlbare Wunschhaus zu finden.

Ganz wichtig war hierbei auch die genaue Abklärung der Finanzierung. Nur wenn wirklich sichergestellt war, daß der Kunde auch finanzieren konnte, wurde ein neues Gespräch vereinbart.

Doch vor diesem Gespräch mußte der Kaufberater mit seinem Vertragsarchitekten das Grundstück des Interessenten besichtigen, um die Bebauung abzuklären. Die baurechtlichen Fragen beantwortete das örtliche Bauamt. Der Architekt hatte aber noch weitere Aufgaben: Nach der Prüfung der Bebaubarkeit entwickelte er im Rahmen der Bauvorschrift und nach den Vorstellungen der Nachfrager das „bezahlbare Wunschhaus". Er zeichnete in Anbindung an die Serienhäuser des Fertighausanbieters die Ansichten, die Grundrisse und den Lageplan als Arbeitspapier für das dritte Gespräch, in dem es zu dem Verkaufsabschluß kommen sollte.

Kaufberater und Architekt besuchten die Interessentenfamilie dann zusammen. Der Kaufberater stellte den Architekten den Nachfragern vor und eröffnete das Gespräch. Im Detail erklärte dann der Architekt der Familie ihr neues Haus - abgestimmt auf ihre Bedürfnisse. Fragen wurden beantwortet, kleine Änderungen besprochen und wenn alles richtig lief, unterschrieben die Interessenten dann den Bauwerkvertrag.

Damit beauftragten sie den Fertighausanbieter, dieses Haus zum festgelegten Preis schlüsselfertig mit oder ohne Keller auf ihrem Grundstück zu bauen.

Norbert E. war so in Gedanken, daß er beinahe die Abfahrt zu seiner Wohnung verpaßt hätte. „Gerade noch einmal gutgegangen“, dachte er, indem er immer noch mit hoher Geschwindigkeit seinen Wagen durch eine Rechtskurve steuerte.

Ob Kundenmusterhaus oder Bauträgermusterhaus - Norbert E. machte es immer wieder Freude, sonntags „live und in Farbe“ Häuser zu präsentieren und dabei neue interessante Menschen kennenzulernen.

Doch jetzt war er müde. Er freute sich auf einen Abend allein zu Hause. Hier konnte er so richtig Kraft sammeln, die er für sein tägliches Geschäft brauchte.

Was Sie bei dem Verkauf aus dem Bauträger-Musterhaus beachten sollten

	Ja	Nein
Ist die Zufahrt zum Musterhaus bei den Besichtigungen gut ausgeschildert?	○	○
Fehlen die Fahnen nicht?	○	○
Macht die Baumaßnahme, in der das Musterhaus steht, einen sauberen und guten Eindruck?	○	○
Macht das Musterhaus selbst einen korrekten Eindruck?	○	○
Ist die Außenanlage des Musterhauses komplett fertiggestellt (Zuwege, Zufahrt, Terrasse, Garage usw.)?	○	○
Ist der Vor- und Rückgarten schön angelegt?	○	○
Sind die Wände, Decken und Bodenbeläge farblich aufeinander abgestimmt (Beige-Töne)?	○	○
Stehen natürliche Topfpflanzen und frische Schnittblumen im Musterhaus?	○	○
Sind in allen Zimmern die „Kleinigkeiten“, die das Musterhaus bewohnt erscheinen lassen, vorhanden?	○	○
Ist die Küche komplett mit allen Details eingerichtet?	○	○
Brennen alle Lichter im Haus?	○	○
Wurde bei der Einrichtung das Prinzip „Weniger ist oft mehr“ berücksichtigt?	○	○
Macht das Musterhaus einen bewohnten Eindruck?	○	○
Entsteht bei den Besuchern der Eindruck, daß sie nur noch ihre persönlichen Sachen mitbringen müßten, um hier leben zu können?	○	○

Auf was Sie bei der Präsentation im Musterhaus achten sollten

	Ja	Nein
Führen Sie die Besucher wie gute Freunde durch das Musterhaus?	○	○
Gelingt es Ihnen, während des Rundganges durch das Musterhaus viel über die Wünsche und Vorstellungen der potentiellen Kunden zu erfahren?	○	○
Vermeiden Sie es, den Nachfragern Dinge zu erklären, die sie mit eigenen Augen sehen?	○	○
Informieren Sie die Besucher über die Infrastruktur, wie zum Beispiel die kurzen Wege zur Schule, zum Kindergarten, zum Einkaufen, zur Autobahn?	○	○
Informieren Sie die Besucher über die Nachbarschaft, wie zum Beispiel den Arzt, den Bürgermeister, den Notar, der nur um die Ecke wohnt?	○	○

Was Sie beim Verkaufen aus dem Musterhaus in einer Fertighausausstellung wissen sollten

	Ja	Nein
Sind Sie auf den Wettbewerb „Haus gegen Haus, Anbieter gegen Anbieter“ vorbereitet?	○	○
Ist der Einsatzplan Ihrer Bauberater im Musterhaus auf die unterschiedliche Besucherhäufigkeit abgestimmt?	○	○
Sind die Bauberater in der Lage, „Prospektesammler“ von wirklichen Interessenten zu unterscheiden?	○	○
Kennen Sie die drei Standardfragen:		
- Wann wollen Sie bauen?	○	○
- Haben Sie ein Grundstück?	○	○
- Können Sie das Haus finanzieren?	○	○
Sind Sie in der Lage, aus Ihren Kontakten kurzfristig qualifizierte Kundentermine zu machen?	○	○
Ist Ihnen bewußt, daß das wirkliche Verkaufsgespräch erst im zweiten und dritten Gespräch stattfindet?	○	○

Wie ein Architekt Ihnen beim Verkaufen von Baubetreuer-Objekten helfen kann

	Ja	Nein
Hat Ihr Architekt sich mit Ihnen vor dem zweiten Kundengespräch das in Frage kommende Grundstück angesehen?	○	○
Hat der Architekt das örtliche Bauamt besucht und die Bebauungsmöglichkeiten abgeklärt?	○	○
Fertigt der Architekt für den Kundentermin im Rahmen der Bauvorschriften nach den Wünschen und Vorstellungen der Interessenten den Hausentwurf?	○	○
Ist der Architekt bereit, den Kunden mit dem Verkäufer zu besuchen – wenn notwendig, auch mehrmals?	○	○
Ist Ihr Architekt „verkaufsorientiert"?	○	○

10. Grüne Wiese – Norbert E. verkauft vom Plan

Ungewohnt war es schon. Dabei steuerte sich das große Wohnmobil durch die Servolenkung ganz leicht. Norbert E. fuhr sehr vorsichtig. Er war auf dem Weg zur Sonntagsbesichtigung – auf ein unbebautes Grundstück.

Hier sollten vier freistehende Häuser erstellt werden. Der Bauträger aber wollte erst mit dem Bau beginnen, wenn das jeweilige Haus verkauft war. Dadurch reduzierte er die anfallenden Zwischenfinanzierungskosten und sein Risiko. Der Kunde dagegen hatte noch starken Einfluß auf die Bebauung und Ausstattung. Er konnte im Rahmen der Bauvorschriften wirklich sein „Wunschhaus" bauen.

Für Norbert E. stellte diese Art des Verkaufens eine wesentliche Einnahmequelle dar. Denn er war heute in der Lage, dem Kunden die Vorzüge des Kaufes vor Baubeginn schmackhaft zu machen. Die größte Hürde dabei war oft das fehlende Vorstellungsvermögen der Kunden: Ihnen fehlte das Musterhaus.

Einem anderen Problem ging Norbert E. ganz aus dem Weg: Er verkaufte nur für wirklich seriöse und solide Bauträger, bei denen er sich sicher war, daß diese Partner die Baumaßnahme auch korrekt und ordentlich fertigstellen würden. Denn wenn ein Kunde sich entschied, ein Haus vom Plan zu kaufen, dann mußte Vertrauen zum Bauträger vorhanden sein. Sonst geht nichts.

Am liebsten war es Norbert E., wenn der Bauträger vom Käufer erst mit Fertigstellung und Übergabe des Hauses den Kaufpreis verlangte. Er hatte eine Möglichkeit erarbeitet, die es erlaubte, die Übergabe des Objektes mit der Zahlung des Kaufpreises zu realisieren: Der Kunde zahlt auf ein Sonderkonto (auch Notar-Anderkonto) bis zum Übergabetermin den vollen Kaufpreis ein. Über dieses Geld konnte der Verkäufer erst verfügen, wenn er das Haus oder die Wohnung mängelfrei an den Käufer übergeben hatte und dieser ihm das in einem Übergabeprotokoll schriftlich bestätigt hat.

Um dem Bauträger die Möglichkeit zu geben, kleinere Mängel noch vor der Übergabe zu beseitigen, wurde schon im Kaufvertrag eine sogenannte Vorbegehung vereinbart. Hier trafen sich Verkäufer und Käufer im Kaufobjekt und begutachteten das Haus oder die Wohnung wie bei der Übergabe. Der Verkäufer hatte dann die Möglichkeit, die hierbei festgestellten Mängel noch bis zur Übergabe zu beseitigen und eine mängelfreie Übergabe einige Tage später zu gewährleisten.

Durch diese Lösung hatten beide Vertragspartner Vorteile: Der Käufer zahlte erst bei vollständiger Fertigstellung und mängelfreier Übergabe (er sah, was er bezahlte), der Verkäufer dagegen hatte am Übergabetag den gesamten Kaufpreis und brauchte keinem zurückbehaltenen Restbetrag für eine eventuelle Mängelbeseitigung nachzulaufen. Darüber hinaus mußte sichergestellt sein, daß der Kunde innerhalb der Gewährleistungsfristen die Möglichkeit hatte, versteckte Mängel zu reklamieren. Doch das verstand sich von selbst.

Nicht jeder Bauträger war so finanzstark, daß er alle seine Baumaßnahmen von der Grundstücksbeschaffung bis zur kompletten Fertigstellung des Hauses vorfinanzieren konnte. Hier verkaufte Norbert E. nur nach dem § 34 c der Makler- und Bauträgerverordnung. Dadurch war sichergestellt, daß die Kunden nur die Bauleistung zahlten, die auch tatsächlich ausgeführt worden war. So zahlten die Käufer 30 Prozent nach Beginn der Erdarbeiten und dann vom restlichen Teil der Vertragssumme 40 Prozent nach Rohbaufertigstellung, 25 Prozent nach Fertigstellung der Rohinstallation (einschließlich Innenputz, ausgenommen Beiputzarbeiten), 15 Prozent nach Fertigstellung der Schreiner- und Glasarbeiten (ausgenommen Türblätter), 15 Prozent nach Bezugsfertigstellung und Besitzübergabe sowie 5 Prozent nach der vollständigen Fertigstellung.

Auch hier bestand die Möglichkeit, die beiden letzten Raten zusammenzufassen und diesen Teil des Kaufpreises auf ein Sonderkonto einzuzahlen. Der Bauträger mußte dann bei Bezugsfertigkeit und Besitzübergabe die vollständige, mängelfreie Fertigstellung sicherstellen.

Norbert E. steuerte das Wohnmobil an den Straßenrand. Direkt vor ihm stand das große Bauschild, das mit Verkaufsbeginn aufgestellt worden war. „Ja, es ist wirklich ein schönes Grundstück - hier läßt es sich leben", dachte Norbert E. Dabei schweifte sein Blick über freies, unverbautes Land.

Die Zufahrt hat er wie bei jeder Besichtigung ab der Autobahn-Abfahrt mit Hinweisschildern versehen. Jetzt war er dabei, sein Infomobil seitlich neben dem Bauschild auf dem Grundstück zu positionieren.

„Gut, daß der Bauleiter Schneider mir diesen Teil des Grundstücks befestigt hat. So kann mit diesem schweren Wagen nichts passieren", überlegte Norbert E. Am Infomobil selbst brachte er dann große Schilder mit der Aufschrift „Information" und „Wir beraten Sie gern" an. Auf den Boden direkt vor dem Eingang stellte er ein Dreiecksschild mit Pfeil zur Fahrzeugtür und dem Hinweis „Unverbindliche Beratung".

Das gleiche Schild kam auf die gegenüberliegende Straßenseite, so daß das Infomobil nicht zu verfehlen war.

„So, das wäre geschafft", überlegte Norbert E. „Auf den Schneider kann ich mich verlassen. Jetzt sieht jeder an den blauen Pfählen, wie groß die jeweiligen Grundstücke sind, und an den roten Pfosten, wo später das Haus stehen wird. Und mit dem roten Band, das Schneider von rotem Pfosten zu rotem Pfosten gespannt hat, kann jeder sehen, welcher Teil des Grundstückes bebaut wird."

Ein Abriß war auf diesem Grundstück nicht nötig gewesen. Es war noch nie bebaut. Für Norbert E. kam ein Verkauf vom Plan nur in Frage, wenn das Grundstück zumindest grob planiert war und dort, wo notwendig, alte Gebäude abgerissen sowie der Schutt abgefahren war. Ein Grundstück mußte frei sein, um den Interessenten aufzuzeigen, wie sie später hier leben könnten. Zwei Mitarbeiter des Bauträgers hatten letzte Woche hier die Wiese gemäht. Die Pflöcke, die die Grundstücksgrenzen beziehungsweise die Hausgrenzen anzeigten, waren gut zu sehen.

Norbert E. hatte gerade die Heizung eingeschaltet, ein Band mit gediegener Musik in den Kassettenrecorder geschoben, als das erste Interessentenpaar vor der Tür stand und der Mann, der im mittleren Alter war, fragte: „Hier sollen doch vier Einfamilienhäuser gebaut werden? Wir wollten uns einmal unverbindlich beraten lassen."

Norbert E. beantwortete die Frage, stellte sich vor und bat das Paar, im Infomobil Platz zu nehmen. „Darf ich Ihnen eine Tasse Kaffee anbieten?" fragte er. Dann nahm er sich ausführlich Zeit – ein anderer Kunde war noch nicht gekommen – um Herrn und Frau Scheib über die Baumaßnahme zu informieren. Er erklärte ihnen die Grundrisse, zeigte ihnen das Modell und stellte fest, ob die Finanzierung möglich war.

Dann ging er mit ihnen, einen Lageplan in der Hand, aus dem Infomobil auf das Grundstück: „Wie gesagt, das Haus 3 auf dem Lageplan hat das größte

Grundstück. Genau das, was Sie wollten. Die Grundstücksgrenzen sind gekennzeichnet. Wenn später das Haus steht, dann haben Sie diesen Blick von der Terrasse. Hier könnten Ihre Gartenmöbel stehen. Dort ist Platz für den Sandkasten, die Schaukel. Und hier können Sie ein kleines Gemüsebeet anlegen."

So und mit ähnlichen Sätzen versuchte Norbert E., das Vorstellungsvermögen der Interessenten zu aktivieren. Mittlerweile war auch sein Finanzierungsberater eingetroffen. Er hatte seine Unterlagen im hinteren Teil des Infomobils bereitgelegt. Als er Norbert E. mit den Interessenten auf das Infomobil zukommen sah, ging er Ihnen entgegen. Und es dauerte nicht lange bis die Eheleute Scheib wieder im Wagen saßen und sich bei Kaffee und Gebäck ausführlich über die Finanzierung ihres Bauvorhabens informieren ließen.

Das Infomobil gab Norbert E. durch zwei getrennte Beratungsplätze, die durch die eine Wand voneinander zu trennen waren, die Möglichkeit, mit einem Kunden ein Beratungsgespräch zu führen und zur gleichen Zeit zum Beispiel bei einem anderen Interessenten die Finanzierung durch den Bankmann abklären zu lassen.

Erstes Ziel bei dieser Art der Besichtigung war es, zu qualifizierten Nachterminen zu kommen – genau wie bei der Musterhausbesichtigung. Erst im zweiten Gespräch hatte Norbert E. in der Regel die Ruhe und Konzentration, ein wirkliches Verkaufsgespräch zu führen.

Hier am Grundstück mußte Norbert E. ständig mit neuen Nachfragern rechnen. Das galt im Grunde für jede Art der Sonntagsbesichtigungen. Auch dann, wenn anders als hier schon Bautenstand vorhanden war.

Wichtig war, daß die Baustelle einen ordentlichen und sauberen Eindruck auf die Interessenten machte. Je nachdem, in welcher Bauphase sich die Häuser oder die Wohnungen befanden, legte Norbert E. schon vor der Besichtigung fest, ob er alle Häuser, nur eins oder gar keines zur Besichtigung freigab. Er leitete die Besucher jeweils durch Absperrungen zu dem entsprechenden Haus. Oft bot es sich an, ein Haus besenrein zu machen und nur dieses zur Besichtigung freizugeben. Die Resthäuser wurden dann verschlossen und zu dem freigegebenen Haus dann ein sicherer und sauberer Zugang angelegt, so daß Frauen mit „Sonntagsschuhen" auch bei Regen trockenen und sauberen Fußes ins Haus kommen konnten. Die Beratung selbst wurde dann wieder im Infomobil durchgeführt. Dort war es im Winter und Herbst schön trocken und warm und im Sommer durch die Klimaanlage angenehm kühl.

Im Wagen standen den Verkäufern die verschiedensten Hilfsmittel zur Verfügung: sehr oft ein Modell des Hauses oder der ganzen Baumaßnahme, große farbige Lagepläne, Fotos von vergleichbaren Objekten, die Referenzliste und nicht zu vergessen Bastelbögen, Malblöcke und Farbstifte für Kinder, die eventuell mit ihren Eltern kamen. Norbert E. legte größten Wert darauf, daß bei Verkaufsbeginn alle Verkaufsunterlagen komplett vorlagen. Nur dann konnte er mit ruhigem Gewissen seine Verkaufsgespräche führen.

Was die Besichtigungszeiten betraf, so hatte Norbert E. in den letzten Jahren seine Erfahrungen gemacht. Das galt für die Besichtigungen in Musterhäusern, mit dem Infomobil an unbebauten Grundstücken und an der Baustelle wie auch bei der Hausschau in gebrauchten Häusern. Normalerweise führte er seine Besichtigungen sonntags zwischen 14 und 17 Uhr durch; das war die Standardzeit. Merkte er nun, daß in dieser Zeit viele Nachfrager kamen - wirkliche Interessenten und „Prospektesammler" - so verlegte er die Öffnungszeiten auf 11 bis 13 Uhr. In dieser Zeit kamen in der Regel nur noch wirkliche Interessenten.

Die Wahl der Besichtigungszeit half Norbert E. also schon, die Nachfrager grob von den „Wir wollen uns nur einmal umsehen" - Leute zu trennen. Echtinteressierte Familien ließen sich ihren Sonntag von einer Besichtigung umkrempeln, denn zwischen 11 und 13 Uhr ist normalerweise Essenszeit. Dagegen machen am Sonntagnachmittag viele Familien sowieso ihre Spazierfahrt oder ihren Spaziergang.

Kamen nun aber zwischen 11 und 13 Uhr so wenige Besucher, daß bei ihnen der Eindruck entstehen konnte: „Sind wir etwa die einzigen, die sich für dieses Objekt interessieren?" - dann war es höchste Zeit, die Öffnungszeit erneut zu verlegen. Denn nur wenn ständig Besucher im Musterhaus oder im Infomobil waren, hatten die Nachfrager den Eindruck, daß es sich hier um ein gutes und gefragtes Angebot handelte. Und das war für einen erfolgreichen Verkauf notwendig.

Volles Infomobil bekam Norbert E. auch, wenn er die Öffnungszeiten verkürzte: Statt von 14 bis 17 Uhr öffnete er nur von 14 bis 16 oder von 15 bis 17 Uhr. Die Nachfrager, die das Musterhaus besuchen wollten, hatten nun statt drei nur noch zwei Stunden Zeit für ihren Besuch - und für ihre Entscheidung.

Aber auch die Jahreszeit - Sommer oder Winter - hatte bei Norbert E. Einfluß auf die Öffnungszeiten. Im Sommer, wenn viele Familien das schöne Wetter nutzten, um einen Tagesausflug zu machen, um ins Schwimmbad zu gehen oder einfach gerade bei großer Hitze gar nicht aus dem Hause zu gehen, dann legte er die Besuchszeiten auf den Abend. Zeiten von 16 bis 18 Uhr, von 17 bis 19 Uhr oder bei sehr gutem Besuch auch von 16 bis 19 Uhr waren dann bei Norbert E. und seiner Mannschaft üblich.

Im Winter dagegen, wenn es früher dunkel wurde und Regen und Schnee dafür sorgten, daß viele Menschen gerne zu Hause im Warmen blieben, legte er die Musterhauszeiten auf 14 bis 16 Uhr oder bei gutem Besuch auf 11 bis 13 Uhr. Zu diesen Zeiten waren in aller Regel die Straßen wieder gut zu befahren - wenn notwendig, vom Schnee geräumt und mit Salz abgestreut.

Manchmal verzichtete Norbert E. im Sommer bei schönem Wetter bewußt auf das Infomobil: Dann, wenn er im wahrsten Sinne des Wortes „von der grünen Wiese“ verkaufen konnte. Hatte er ein Grundstück, auf dem später Häuser oder Wohnungen gebaut werden sollten, zu präsentieren mit einer schönen bunten Frühlingswiese im satten Grün, dann stellte er bunte Gartenmöbel mit Sonnenschirm mitten in die Wiese. Konsequenterweise schaffte er zwei voneinander getrennte Beratungstische, um mindestens mit zwei Nachfragern ungestört sprechen zu können. Selbstverständlich gab es bei so einem „Wiesenfest“ Kaffee und Kuchen für jeden Interessenten. Wenn es möglich war, plazierte er die Gartenmöbel dort, wo später die Terrasse des Hauses sein würde. Im Verkaufsgespräch konnte er den Besuchern dann sagen: „Ja, und diesen schönen Blick über Wiesen und Felder haben Sie auch später, wenn ihr Haus steht. Denn wir sitzen gemütlich bei Kaffee und Kuchen auf Ihrer zukünftigen Terrasse.“

Norbert E. hatte mittlerweile das Wohnmobil zum Vermieter zurückgebracht. Zur Besichtigung waren neun Besucher(paare) gekommen: Zwei, die sich nur mal unverbindlich alles ansehen wollten, drei, die zwar stark interessiert waren, aber unmöglich den Kaufpreis finanzieren konnten, und vier mit denen Norbert E. für die kommende Woche Nachtermine vereinbart hatte. Für ihn war das ein ganz normales Ergebnis. Er war zufrieden.

Norbert E. machte das Verkaufen vom Plan viel Spaß. Hier war er als Verkäufer gefordert, in den Köpfen der Nachfrager ein klares Bild ihres

Wunschhauses entstehen zu lassen, Motivationen zu wecken und den Drang zum Abschluß hervorzurufen.

Neben den öffentlichen Besichtigungen zu festen Zeiten im Musterhaus oder mit dem Infomobil auf der grünen Wiese führten Norbert E. und auch Bernd Hellmund viele Einzelbesichtigungen durch. Auch hier hatten sie sich einen genauen Fahrplan erarbeitet:

Bevor Norbert E. sich mit den Interessenten (meistens waren es Ehepaare) auf den Weg zum Grundstück machte, stellte er ihnen das Haus oder die Wohnung anhand von Modell, Lageplan, Grundrissen und so weiter im Büro oder bei den Kunden zu Hause vor. Er vergaß auch nie abzuklären, ob die Nachfrager das Objekt auch finanzieren konnten.

Erst dann fuhr er - am liebsten mit interessierten Ehepaaren - an das Grundstück. Dabei lud er die Nachfrager immer ein, mit ihm in seinem Wagen zu fahren. So konnte er die Fahrtstrecke festlegen. Und dabei hatte er noch die Möglichkeit, während der Fahrt zu seinen Mitfahrern ein Vertrauensverhältnis aufzubauen. Norbert E. nutzte diese Zeit immer, um ein Gespräch in Gang zu bringen, meist über die Hobbys seiner Gäste. Dabei hörte er viel zu und steuerte das Gespräch oft mit Fragen.

Am Grundstück selbst stellte er seinen potentiellen Kunden das Objekt so vor, wie sie auch später hier leben würden: „Wenn das Haus dann steht, haben Sie hier den Vorgarten, vielleicht mit bunten Blumen, Büschen oder einer kleinen Wiese. Und genau hier wäre das kleine hölzerne Tor, das den Zugang zu Ihrem Grundstück sicherstellt."

Die Blumenkübel neben der Haustür, der Platz für die Fahrräder, die große Garage mit der breiten und gepflegten Zufahrt, die Terrasse hinter dem Haus, der schöne Garten - Norbert E. versuchte, in den Köpfen der Besucher all dies als positives Bild entstehen zu lassen: „Hier können Sie mit ihren Freunden Gartenfeste feiern, Ihre Kinder können sich frei entwickeln und im Winter, wenn es draußen naß und kalt ist, dann sitzen Sie an Ihrem Kamin und fühlen sich so richtig wohl."

Nicht nur über das Grundstück selbst, auch über die Nachbarschaft informierte Norbert E. seine Kunden. Hatte er Interessenten mit Kindern, so erzählte er ihnen zum Beispiel von der Familie mit den drei Kindern - „so im Alter Ihrer Kinder" - die nicht weit entfernt wohnten, von dem Abenteuerspielplatz eine Straße weiter und dem ganz ungefährlichen Fußweg in die Schule oder zum Kindergarten.

Auch über den Bürgermeister, den Lehrer, den Arzt oder eine andere bekannte Familie, die in der Nähe wohnte, informierte er die Besucher. Denn für viele Menschen ist es immer noch etwas Besonderes, in der Straße zu wohnen, wo auch der Bürgermeister oder ein anderer Prominenter wohnt.

„Und wenn Sie wollen, sehr geehrte Frau Dosch, dann sind Sie zu Fuß in fünf Minuten im Einkaufszentrum, wo Sie alles für den täglichen Bedarf kaufen können." So und so ähnlich informiert Norbert E. seine Kunden auch über die ärztliche Versorgung und die Freizeitmöglichkeiten direkt in der Nähe.

Bei Grundstücksbesichtigungen ist das Wetter oft von entscheidender Bedeutung. Denn hier kommt es im starken Maße auf die positiven Bilder in den Köpfen der Kunden an: Wenn es warm ist, die Blumen blühen, die Sonne scheint und die Vögel singen - dann gelingt es leichter, freundliche Eindrücke zu schaffen.

Deshalb werden bei Norbert E. keine Besichtigungen an Grundstücken bei Regen und Nebel durchgeführt. Zumindest muß es trocken sein! Das klappt nicht immer, aber bei guter Planung macht das Wetter nur selten einen Strich durch die Rechnung.

Auf der Rückfahrt vom Grundstück ins Büro oder direkt zu den Interessenten beantwortete Norbert E. dann alle anfallenden Fragen, soweit er konnte. In aller Regel machte er auch direkt einen Termin für das Finanzierungsgespräch mit seinen Mitfahrern (am nächsten Tag, wenn möglich) aus. Sehr oft ließ er sich auch im Büro oder bei den Kunden zu Hause eine Reservierung unterschreiben, in der er ihnen das entsprechende Haus für kurze Zeit verbindlich reserviert.

Verkaufsgespräche führen beim Kunden zu Hause, am Eßzimmertisch oder im Wohnzimmer - oder im Besprechungszimmer des Büros? Norbert E. führte die Gespräche lieber im Büro. Hier hatte er alle Hilfsmittel, vom Modell über Farbfotos bis hin zu Videofilmen. Hier war er sicher, daß die Kunden auch absolut konzentriert dem Gespräch folgen würden. Ablenkungen durch Telefonanrufe, unvorhergesehene Besuche, den Spielfilm, der „gerade nur mal" für eine Video-Aufzeichnung programmiert werden mußte, und vieles mehr konnten im Büro nicht vorkommen.

Norbert E. wußte aber auch, daß bei guter Vorbereitung das Verkaufsgespräch beim Kunden Vorteile mit sich brachte. Denn zu Hause fühlt sich der Nachfrager sicher und stark - hier hatte er „Heimvorteil".

Und: Norbert E. waren dic potentiellen Kunden lieber, die offen und ehrlich von vornherein sagten, was sie dachten. Aus Erfahrung wußte Norbert E., daß seine Gesprächspartner in ihren eigenen Wänden schneller und genauer aussprachen, was sie wollten und was sie sich leisten konnten.

Norbert E. sah auf die Uhr an seinem Arm: „Schon wieder gleich 20 Uhr! Da bleibt mir noch eine Stunde, um mich frisch zu machen, umzuziehen und dann pünktlich um 21 Uhr im ‚Kleinen Theater' zu sein", überlegte er und schlug die Tür zu seiner Wohnung mit einem lauten Knall zu. Er war zu Hause. Zufrieden mit sich und seinem Leben. Stolz auf einen weiteren erfolgreichen Verkaufstag.

Was Sie beim Verkauf vom Plan beachten sollten

	Ja	Nein
Verkaufen Sie wirklich nur für solide und seriöse Bauträger und Baubetreuer?	○	○
Sind Sie hundertprozentig sicher, daß Ihr Geschäftspartner die Baumaßnahme ordentlich fertigstellen wird?	○	○
Hat der Kunde Vertrauen zu Ihrem Bauträger oder Baubetreuer?	○	○
Muß der Kunde erst bei vollständiger Fertigstellung des Hauses oder der Wohnung den Kaufpreis zahlen?	○	○
Hat der Kunde innerhalb der Gewährleistung die Möglichkeit, Mängel zu reklamieren?	○	○
Wenn der Kunde vor vollständiger Fertigstellung des Hauses oder der Wohnung den Kaufpreis zahlen muß, ist dann sichergestellt, daß der § 34 c der Makler- und Bauträgerverordnung beachtet wird?	○	○

Was Sie bei dem Verkauf vom Plan mit dem Infomobil beachten sollten

	Ja	Nein
Ist die Zufahrt von der nächsten Autobahnabfahrt bis zum Grundstück ausgeschildert?	○	○
Besteht die Möglichkeit, das Infomobil auf das Grundstück zu stellen? Stellplatz befestigt?	○	○
Steht das Bauschild mit Verkaufsbeginn?	○	○
Sind rund um das Infomobil Hinweisschilder angebracht (zum Beispiel: „Wir beraten Sie gern“; „Beratung“; „Information“)?	○	○
Ist das Grundstück abgepflockt?	○	○
Ist die genaue Stellung des Objektes ausgepflockt und abgespannt?	○	○
Ist die Wiese gemäht?	○	○
Hat das Infomobil zwei getrennte Besprechungsplätze?	○	○
Verfügt das Infomobil über Standheizung und Kassettenrecorder?	○	○
Sind alle notwendigen Unterlagen und Hilfsmittel wie zum Beispiel Modell, Prospekte, farbige Lagepläne, Fotos, Referenzlisten, Grundrisse, Baubeschreibung im Infomobil zur Hand?	○	○
Liegen Bastelbögen, Farbstifte, Malblöcke und Süßigkeiten für Kinder bereit?	○	○
Ist die Beratungszeit auf die Jahreszeit und die Anzahl der zu erwartenden Besucher abgestimmt?	○	○

Was Sie beachten sollten, wenn Sie an einer Baustelle verkaufen

	Ja	Nein
Macht die Baustelle einen ordentlichen und sauberen Eindruck auf die Interessenten?	○	○
Ist schon vor Besichtigungsbeginn festgelegt, ob ein Haus, mehrere Häuser oder gar kein Haus für den Kundenbesuch freigegeben werden soll?	○	○
Ist das zur Besichtigung freigegebene Haus besenrein?	○	○
Sind die nicht zur Besichtigung freigegebenen Häuser verschlossen?	○	○
Ist zum Besucherhaus ein fester und sicherer Zugang angelegt?	○	○
Steht ein Infomobil für die Beratung bereit?	○	○

Was Sie über Besichtigungszeiten wissen sollten

	Ja	Nein
Nutzen Sie die Besichtigungszeit als Selektionsmittel?	○	○
Ist für Sie die Zeit von 14 bis 17 Uhr die Standard-Besichtigungszeit?	○	○
Legen Sie die Öffnungszeit auf 11 bis 13 Uhr, wenn zwischen 14 und 17 Uhr zu viele „Prospektesammler“ kommen?	○	○
Verlegen Sie die Besuchszeit von 11 Uhr bis 13 Uhr auf 14 bis 17 Uhr, wenn in dieser Zeit nur wenige Nachfrager kommen?	○	○
Beherzigen Sie das Grundprinzip des gutbesuchten Musterhauses/Infomobils?	○	○
Verlegen Sie im Sommer die Öffnungszeit in den Abend, auf 16 bis 18 oder 17 bis 19 Uhr?	○	○
Verlegen Sie im Winter die Besuchszeiten auf den frühen Mittag, auf 14 bis 16 oder 11 bis 13 Uhr?	○	○

Was Sie beim Verkaufen von der „grünen Wiese“ ohne Infomobil wissen sollten

	Ja	Nein
Verkaufen Sie vom Plan am Grundstück wirklich nur bei schönem Wetter ohne Infomobil?	○	○
Ist das Grundstück im wahrsten Sinn des Wortes eine grüne Wiese?	○	○
Haben Sie zwei voneinander getrennte Beratungstische geschaffen?	○	○
Haben Sie bunte Gartenstühle, -tische und Sonnenschirm attraktiv auf dem Grundstück plaziert?	○	○
Können Sie jedem Besucher Kaffee und Kuchen anbieten?	○	○
Ist ein Beratungsbereich auf der späteren Terrasse des noch zu bauenden Hauses plazierbar?	○	○
Ist für günstigen Zugang zu den Beratungsbereichen gesorgt?	○	○

Was Sie bei Einzelbesichtigungen beachten sollten

	Ja	Nein
Stellen Sie vor der Besichtigung des Grundstückes den Interessenten das Haus oder die Wohnung anhand von Modell, Lageplan, Grundrissen, Plänen und so weiter vor?	○	○
Haben Sie abgeklärt, ob die Nachfrager das Objekt auch finanzieren können?	○	○
Ist bei der Besichtigung auch die Ehefrau des Interessenten dabei?	○	○
Fahren die Nachfrager mit in Ihrem Auto zur Besichtigung?	○	○
Gelingt es Ihnen, während der Fahrt ein Vertrauensverhältnis aufzubauen?	○	○
Wecken Sie am Grundstück bei der Präsentation in den Köpfen der potentiellen Kunden positive Vorstellungen?	○	○
Informieren Sie Ihre Nachfrager auch über Nachbarschaft und Infrastruktur?	○	○
Beachten Sie das Wetter bei Ihren Einzelbesichtigungen?	○	○
Vereinbaren Sie direkt einen Folgetermin, zum Beispiel für ein Finanzierungsgespräch?	○	○

11. Verkaufshilfen - Norbert E. und seine Präsentationsmittel

Norbert E. war in bester Stimmung als er am späten Nachmittag sein Büro betrat. Da sah er Bernd Hellmund: „Du Bernd“, rief er schräg über die Anmelde, „es hat geklappt - in zwei Monaten steht er in meiner Garage! Ich kann es nicht glauben.“

„In welcher Farbe kommt er denn?“ fragte Bernd Hellmund und strahlte dabei über das ganze Gesicht. „Rot - natürlich rot! Ein Porsche-Cabrio muß knallrot sein! Wir werden, sobald der Wagen da ist, mal einen Tag durch den Taunus fahren. Ich freue mich schon. Wir haben schon lange kein freies Wochenende mehr gehabt“, sagte Norbert E.

Er hatte heute den Kaufvertrag für den Porsche unterschrieben: Ein Geschenk, das er sich selbst zu seinem Geburtstag machen wollte. Im Sommer, an schon warmen Frühlings- und an noch schönen Herbsttagen, wollte er dann einfach Spaß mit dem Cabrio haben. Und der Taunus mit seinen schönen Landstraßen mitten durch die Natur bot sich ihm direkt an. Denn Norbert E. wohnte seit zirka sechs Monaten in seinem neuen Haus, nicht weit von Bad Homburg entfernt.

Das Landhaus war ein Traum - ein Goldkörnchen. Rolf hatte es für Norbert E. gebaut. Er war sein

Freund und Architekt. Glück hatte er auch auf Anhieb mit seiner Haushälterin gehabt. Erika war seine wirkliche Perle, vertrauenswürdig, ehrlich und fleißig. Sie wohnte in einer Einliegerwohnung im Haus, die Rolf mit Chic und Geschmack gestaltet hat - so wie das ganze Haus.

Zwei Jahrzehnte waren vergangen - und nun, nach 20 Jahren, hatte Norbert E. seine privaten Ziele erreicht. Ziele, die er sich schon in seinem „Zimmer mit Morgenkaffee" gesetzt hatte.

Mittlerweile saß Norbert E. hinter seinem Schreibtisch. Seine Sekretärin hatte ihm eine Tasse dampfenden Kaffee gebracht und meinte: „Sie sollten vielleicht mal wieder mit Herrn Dreyer sprechen - ich glaube, der hat irgendwelche Probleme."

Norbert E. gab ihr noch einige Anweisungen und als sie sein Büro verlassen hatte, machte er sich seine Gedanken: „Mit dem Dreyer habe ich Probleme, Weber und der Brandt dagegen - wirklich gute Leute. Jürgen Normann, mein zweiter Verkäufer, verkauft schon über Jahre gut und macht dabei keine großen Sprüche.

Ich brauche eine Mannschaft, die nicht ständig wechselt - mit der ich langfristig zusammenarbeiten kann! Die mein Unternehmen ‚mit einer Stimme' nach außen vertritt. Nur das schafft Vertrauen beim Kunden. Mit Dreyer werde ich noch einmal reden."

Norbert E. hatte es geschafft, ein gutes Image für sein Immobilienbüro aufzubauen. Im Großraum Frankfurt kannten ihn viele als einen zuverlässigen, fachlich hochqualifizierten, freundlichen und ehrlichen Immobilienmakler. Das galt auch für seine Mitarbeiter.

„Ja“, überlegte er, „wenn ich so an meine Anfänge zurückdenke - an meine langfristigen Ziele - so muß ich sagen, daß ich mit meinem Büro jetzt absolut unabhängig bin. Und finanziell geht es mir heute auch sehr gut. ‚Geld satt!‘ Ein Traumhaus im Taunus, Mercedes mit Telefon und bald ein knallrotes Porsche-Cabrio. Wenn das nichts ist!“ Norbert E. war rundum zufrieden mit seinem Leben.

Da drückte Bernd Hellmund die nur halb geschlossene Tür zu Norbert E.'s Büro auf und sagte: „Ich habe mir in der letzten Zeit mal alle unsere Präsentationsmittel angesehen - die Modelle, Baubeschreibungen, Pläne, Prospekte, Kurzprospekte, Preislisten, Referenzlisten, die Präsentationsmappen unserer Mitarbeiter, die großen farbigen Lagepläne, die Muster und Materialproben, Fotos, PR-Texte, Finanzierungspläne und Renditeberechnungen sowie die verschiedenen Videofilme über die Bauvorhaben. Da gibt es einiges zu tun!

Um eine einheitliche Linie in diese wichtigen Hilfsmittel zu bekommen, habe ich einen Arbeitsplan erstellt. Darin ist festgelegt, wie diese Arbeitsmittel in Zukunft aussehen sollen und wie die Präsentation zu erfolgen hat. Hast Du Zeit, damit ich Dir mein Konzept kurz vorstellen kann? Wenn wir dann einig sind, werde ich dafür sorgen, daß in Zukunft alle Mitarbeiter sich an diesen neuen Arbeitsplan halten.“

Norbert E. nickte. Er holte noch eine zweite Tasse und eine Kanne mit frischem Kaffee. Aus der kurzen Vorstellung entwickelte sich ein fast zweistündiges Gespräch. Doch nach diesen zwei Stunden waren sich Norbert E. und Bernd Hellmund einig: Es war höchste Zeit, daß auch bei den Präsentationsmitteln ein einheitliches Konzept realisiert wurde. „Der Bernd wird das schon machen“, dachte Norbert E., griff zum Telefon und wählte die Nummer von Herrn Dreyer.

Bernd Hellmund befand sich mittlerweile im großen Besprechungszimmer. Vor ihm standen einige Modelle, die die Bauträger für den Verkauf ihrer Häuser zur Verfügung gestellt hatten. Nur ein Modell entsprach den Anforderungen, die Bernd Hellmund an diese Präsentationsmittel stellte: Es machte von außen einen freundlichen Eindruck, mit roten Dachziegeln, weißem Putz, hellen Fenstern und vielen schön nachgebildeten Details wie einem Vordach aus Glas, einem kleinen Briefkasten aus Kupfer, Blumenkästen vor den Fenstern und anderem mehr. Hier konnten sich die Interessenten gut vorstellen, wie wohl später ihr Haus aussehen würde.

Aber auch die einzelnen Grundrisse konnte der Nachfrager dreidimensional betrachten, vom Keller bis zum Dachgeschoß, denn bei dem Modell ließen sich die einzelnen Etagen abheben. Im Keller waren dann klein nachgebildet die Heizung, der Hobbyraum, die Sauna mit Bad und Dusche zu sehen. Auch das Erdgeschoß und der obere Stock waren detailgenau nachgebildet und vollständig eingerichtet. Von den Bodenbelägen über die Tapeten bis hin zu Schränken, Tischen und Stühlen. Hier handelte es sich um einen Haustyp, der nur als Doppelhaus oder Gruppenhaus gebaut wurde. Dehalb bestand das Modell auch aus zwei Hausnachbildungen, aber nur eine Hälfte war auseinandernehmbar. Nicht nur in Wirklichkeit, nein, auch als Modell sieht ein 5 oder 6 Meter breites und zirka 12 Meter langes Haus wie ein „Handtuch“, eine „Schuhschachtel“ aus. Stehen dagegen zwei dieser Häuser nebeneinander, so entsteht direkt ein guter Gesamteindruck.

Wichtig für Bernd Hellmund war zuletzt, daß sich dieses Modell ohne Probleme transportieren ließ. Denn an seinem festen Boden waren zwei Halterungen, an denen man (ähnlich wie bei einer Reise-Schreibmaschine) Tragegriffe befestigen konnte. Der Verkäufer hatte dadurch die Möglichkeit, das Modell sicher im Auto zu befördern - sei es zu einer Sonntagsbesichtigung oder zu einer Besprechung beim Kunden zu Hause.

Bernd Hellmund stand vor dem so gesicherten Modell. Er hatte es mit wenigen Handgriffen verpackt. „Wirklich gut, was der Bauträger sich hier hat einfallen lassen“, murmelte er und musterte dabei die mit Werbung bedruckten Außenseiten des Kastens. „Ich werde eine Checkliste für das Anfertigen von Hausnachbildungen erarbeiten und die allen unseren Partnern geben. Wir erhalten dann sicher Präsentationsmittel, mit denen uns das Verkaufen leichter wird.“

Dabei fiel sein Blick auf ein anderes Modell. Es war so groß und schwer, daß es nur im Büro zu verwenden war. Ein drittes Modell dagegen bestand nur aus grauem Karton. Der Architekt hatte die wesentlichen Funktionen dargestellt. Eine Nachbildung für den Fachmann - aber nicht geeignet für den Verkauf.

Schon vor längerer Zeit hatten sie eine Seite des Besprechungszimmers mit Regalen und Schränken speziell für Muster und Materialproben eingerichtet. An Hängevorrichtungen waren zum Beispiel immer die aktuellen Teppichbodenmuster in unterschiedlichen Farben und Materialien, in Standard- und einigen Sonderwunschqualitäten zu sehen. Hier konnten die Interessenten fühlen, sehen und auswählen, welche Produkte in ihrem Haus verwendet werden sollten, und das auch bei Boden- und Wandfliesen für Bad, WC, Küche, Diele (und auf Sonderwunsch im Wohn-Eßzimmer), bei unterschiedlichen Armaturen und Sanitärfarben, bei Elektroschaltern, Steckern und vielem mehr. Bernd Hellmund hatte mit dieser Art der Präsentation in der letzten Zeit gute Erfahrungen gemacht. Neben dem Hausmodell boten die Muster und Materialproben die beste Möglichkeit, bei potentiellen Kunden auf das Vorstellungsvermögen einzuwirken, speziell dann, wenn vom Plan verkauft wurde.

Über den Mustern im Besprechungszimmer hingen große schöne Farbfotos von Objekten, die noch zu kaufen waren. Von einem Profi gemacht. Von Neubauten und gebrauchten Häusern. Je nach Jahreszeit mit viel Grün oder inmitten einer Winterlandschaft. Gefühle wurden angesprochen. In keiner Präsentationsmappe dürfen solche Bilder, verkleinert auf 13 x 18 cm, fehlen.

Das galt auch für große, farbig angelegte Lagepläne. Die Häuser rot, die Zuwege und Straßen braun, die Gärten und Vorgärten grün mit Blumen und Büschen - so mußte ein Verkaufslageplan aussehen. Nordpfeil, Straßennamen und genaue Bezeichnung des Bauvorhabens waren ebenfalls notwendig.

Bei Einzelhäusern ging Bernd Hellmund seit kurzem noch weiter: Er ließ in den Lageplan den Grundriß des Erdgeschosses mit Schränken, Tischen und Stühlen, die Terrasse mit Gartenmöbeln und den Garten mit Sandkasten und Schaukel einzeichnen. Im Verkaufsgespräch stellte der Berater dem Interessenten dann anhand dieses plastischen Lageplanes sein späteres Haus mit Grundstück vor. Eine wirklich gute Sache.

Bernd Hellmund kümmerte sich bei Norbert E. schon lange um die Präsentationsmittel. Von Anfang an legte er Wert auf kundenorientierte Baubeschreibungen. Die Formulierungen mußten so sein, daß jeder potentielle Interessent den Inhalt verstand: einfach, klar und sachlich. Das galt auch für die Gliederung.

Die Bauträger, die schon lange mit ihm arbeiteten, lieferten die Baubeschreibungen mit den Verkaufsunterlagen schon so, wie es verkaufswirksam war. Bei gebrauchten Objekten erstellte Bernd Hellmund sie selbst. Vor ihm lagen die Baubeschreibungen für die Reihenhäuser in Mörfelden. Mit dem Verkauf wollte er nächste Woche beginnen. Sie waren folgendermaßen gegliedert:

1. Wände in Erd- und Obergeschossen
1.1 Außenwände
1.2 Haustrennwände
1.3 Innenwände
1.4 Wandverkleidung
1.5 Fenster, Balkon- und Terrassentüren
1.6 Innentüren

2. Decken und Fußböden
2.1 Decke über Keller
2.2 Decken über Erd- und Obergeschoß
2.3 Fußböden im Erd- und Obergeschoß
2.4 Bodenbeläge

3. Dach
3.1 Dachkonstruktion
3.2 Dachrand
3.3 Dachraum
3.4 Dachflächenfenster

4. Eingang, Treppen, Balkon, Kamin
4.1 Eingangsbereich
4.2 Kellertreppe
4.3 Treppe zum Dachgeschoß bzw. zum Obergeschoß
4.4 Einschubtreppe
4.5 Balkon
4.6 Kamin

5. Erdarbeiten und Keller
5.1 Erdarbeiten

5.2 Gründung
5.3 Keller-Außenwände
5.4 Keller-Innenwände
5.5 Kellerfenster

6. Sanitärinstallation und Heizung
6.1 Keller
6.2 Erdgeschoß
6.3 Obergeschoß

7. Elektroinstallation
7.1 Keller
7.2 Erdgeschoß
7.3 Obergeschoß

8. Außenanlagen
8.1 Gartenanlagen
8.2 Ver- und Entsorgungsleitungen
8.3 Überbauungen
8.4 Auflagen

Darüber hinaus waren auf getrennten Blättern einige Sonderwunschpakete aufgegliedert wie zum Beispiel Erker, Giebelfenster, offener Kamin, Kachelofen, Dachteilausbau und Dachausbau. Aus Erfahrung wußte Bernd Hellmund, daß diese Sonderwünsche sehr oft geordert wurden. Es war für den Verkauf wichtig, den Leistungsumfang und die Preise genau zu kennen.

Zu jeder Baubeschreibung gehörten Lageplan und Zeichnungen von Grundrissen und Ansichten des zu verkaufenden Hauses oder Wohnung. Auch dieser Lageplan mußte farbig und so, wie bereits beschrieben, gezeichnet sein.

Die Grundrisse waren bei Bernd Hellmund immer im Maßstab 1 : 50 angelegt, farbig und mit eingezeichneten Möbeln. Ein kompletter Satz Grundrisse bestand aus Keller-, Erdgeschoß-, Obergeschoß- und, wenn vorhanden, Dachgeschoßzeichnungen. Wichtig dabei war, daß die Möbel nicht zu groß eingezeichnet wurden, um die Freizügigkeit der einzelnen Zimmer zu demonstrieren. Jeder Raum war bezeichnet, zum Beispiel: Schlafen, Kinderzimmer I, Kinderzimmer II und so weiter. Außerdem fehlte die Zimmergröße nicht. Ganz wichtig war auch, daß auf den Plänen der Maßstab angegeben war. So konnte jeder Nachfrager zu Hause mit dem Lineal alle von ihm gewünschten Maße nachprüfen.

Jeder Verkäufer hatte in seiner Präsentationsmappe aber auch Grundrisse im Maßstab 1 : 50 ohne Möbel. Hier konnten die interessierten Familien in aller Ruhe ihre vorhandenen Möbel – vom Wohnzimmerschrank bis zur Kücheneinrichtung – einzeichnen. Dieser Service wurde sehr gerne angenommen. Darüber hinaus halfen diese Zeichnungen, die Identifizierung der Kunden mit dem Kaufobjekt zu vertiefen.

Auch Ansichten der Häuser durften nicht fehlen. Notwendig waren folgende Zeichnungen: Vorderansicht, Rückansicht, rechte und linke Seitenansicht, der Schnitt und die Draufsicht. Hier genügte in der Regel ein Maßstab von 1 : 100. Wichtig war, daß alle Ansichten kundenfreundlich gestaltet wurden: Farbige Zeichnungen mit Details (zum Beispiel Vordach, Erker und Eingangspodest), eingebunden in einen Vorder- und Hintergrund mit Menschen auf der Straße und im Garten. Allerdings achteten Bernd Hellmund und Norbert E. hierbei streng darauf, daß das Prinzip der Ehrlichkeit und Klarheit nicht unterlaufen wurde.

Bernd Hellmund hatte eine Verkaufsmappe drukken lassen, in die er den Lageplan, die Baubeschreibung, die Grundrisse, die Ansichten und ein Anschreiben mit den Preisen zu einem Gesamtprospekt zusammenfaßte. Die Mappe war etwas größer als DIN A-4, aus weißem dicken Cromuluxkarton und mit den Firmenzeichen sowie dem Namen von Norbert E. bedruckt. Durch diese Lösung hatten Norbert E. und sein Team die Möglichkeit, ihre Prospekte individuell und objektbezogen zusammenzustellen.

Für jedes Neubauobjekt erstellte Bernd Hellmund eine gesonderte Preisliste. Dabei verwendete er vorgedruckte Formblätter mit einheitlichem Erscheinungsbild. Hinzu ließ er dann individuell die Hausnummern, die Grundstücksgrößen und die absoluten Endpreise für die in der Baubeschreibung festgelegten Leistungen eintragen – kein Problem mit einem Personal Computer. Auch die Preise für Sonderwunschpakete gab Bernd Hellmund immer auf der Preisliste an, und zwar getrennt von den Endpreisen der Standardleistung.

Beim Verkauf von einzelnen gebrauchten Objekten wurde keine gesonderte Preisliste erstellt. Interessierte Nachfrager bekamen den Preis immer schriftlich im Anschreiben mitgeteilt.

Eine wichtige Verkaufshilfe waren auch Referenzlisten. Bernd Hellmund führte zwei getrennte Listen, eine für abgewickelte Neubauvorhaben und eine für vermittelte Gebrauchtimmobilien. Neben dem Namen der neuen Eigentümer, dem Wohnort und der Straße wurde die Art des Objektes (zum Beispiel Einfamilien- oder Zweifamilienhaus), das Baujahr, die Grundstücksgröße und die Festlegung in Einzel-, Gruppen- oder Doppelhaus verzeichnet. Jeder Hauseigentümer, der auf der Referenzliste stand, war informiert und mit der Bekanntgabe dieser Daten an neue Interessenten einverstanden.

Es kam immer wieder vor, daß Norbert E. aufgrund seiner fachlichen Kenntnisse von den Wirtschaftsredaktionen der Tageszeitungen in der Region Frankfurt gebeten wurde, zu speziellen Themen der Wohnungswirtschaft Stellung zu nehmen. Darüber hinaus erschienen: Presseberichte über sein Unternehmen nach der Jahrespressekonferenz, Berichte über Musterhauseröffnungen, Richtfeste und so weiter – geschrieben von unabhängigen Redakteuren in den Tageszeitungen und auch in der Immobilien-Fachpresse. Bernd Hellmund sammelte diese Berichte. Bei Bedarf konnten alle im Immobilienbüro sie für Werbung und Öffentlichkeitsarbeit verwenden. Das war ein erfolgreiches Instrument, um bei Interessenten zusätzliches Vertrauen zu gewinnen.

Für jedes Vermarktungsobjekt ließ Bernd Hellmund vor Verkaufsbeginn mehrere Präsentationsmappen anlegen. Jeder Verkäufer hatte so im Verkaufsgespräch ständig alle notwendigen Informationen griffbereit. Es gab eine einheitliche Inhaltsangabe und Reihenfolge, an die sich die Sekretärin bei der Zusammenstellung zu halten hatte. Hierzu gehörten: Lageplan, Baubeschreibung, Grundrisse und Ansichten, Preisliste, Referenzliste, Fotos, unabhängige Zeitungsberichte, Finanzierungspläne, Informationen über Steuervorteile und Angaben über die Infrastruktur in der Umgebung des Bauobjektes.

Norbert E. betrat das Besprechungszimmer und sagte zu Bernd Hellmund: „Ich habe hier den neuen Videofilm von den 18 Eigentumswohnungen in Bergheim. Wollen wir uns den mal ansehen?“

„Ja, gerne“, entgegnete Bernd Hellmund. Er stand auf, schaltete den Videorecorder und den Fernseher ein, schob die Kassette ein und der Film über die Wohnungen flimmerte über den Bildschirm: Außenaufnahmen vom Garten mit Spielplatz, vom freien Blick in die Natur. Innenaufnahmen der verschiedenen Wohnungen - 2-, 3- und 4-Zimmer-Wohnungen – und der eingerichteten Musterwohnung. Alles sehr einladend.

Der Film dauerte zirka 15 Minuten und war als Einstimmung auf das Verkaufsgespräch gedacht.

Auch hier beauftragte Norbert E., wie bei den Fotos, immer einen Profi mit den Aufnahmen.

Es war spät geworden. Norbert E. hatte noch einen Termin beim Finanzierungsberater, und Bernd Hellmund mußte um 19 Uhr bei einem Kunden sein. Zusammen verließen sie das Büro.

„Also dann bis um 22 Uhr in der Altstadt!“ rief Norbert E. noch beim Einsteigen seinem ersten Verkäufer und Freund nach.

Was Sie über das Präsentationsmittel Modell wissen sollten

	Ja	Nein
Gelingt es mit dem Modell, bei Nachfragern den Wunsch zu erwecken, auch ein eigenes Haus zu besitzen?	○	○
Kann man das Modell auseinandernehmen, so daß die Grundrisse sichtbar werden?	○	○
Ist das Modell komplett eingerichtet?	○	○
Sind bei schmalen Häusern (Doppel- oder auch Reihenhäusern) mindestens zwei Häuser dargestellt?	○	○
Ist das Modell leicht und sicher vor Beschädigungen zu transportieren?	○	○
Wurden die „Werbeflächen" der Modellverpackung genutzt?	○	○
Wurden Materialien verwendet, die sicherstellen, daß das Modell auch nach längerem Gebrauch noch ordentlich aussieht?	○	○

Was Sie über Muster und Materialproben wissen sollten

	Ja	Nein
Sind Ihre Muster und Materialproben auf dem neuesten Stand?	○	○
Können Sie dem Kunden alle Standard-Bodenbeläge und -Fliesen zeigen?	○	○
Werden die Muster und Materialproben kundenfreundlich „zum Anfassen“ präsentiert?	○	○
Kann der Kunde die Sanitärarmaturen und Sanitärfarben sehen?	○	○
Sind Muster und Materialproben von möglichen Sonderausstattungen vorhanden?	○	○

Was Sie über große Lagepläne und Fotos wissen sollten

	Ja	Nein
Hat alle Objektfotos ein Profi gemacht?	○	○
Sind die Bilder im Besprechungszimmer gut für jeden Besucher zu sehen?	○	○
Sind die Fotos, verkleinert auf 13 x 18 cm, auch in den Präsentationsmappen enthalten?	○	○
Werden mit den Bildern Gefühle angesprochen?	○	○
Sind die großen Lagepläne farbig angelegt?	○	○
Gibt es für den Verkauf von Einzelhäusern Lagepläne, bei denen die Grundrisse eingezeichnet sind?	○	○
Sind Nordpfeil, Straßennamen und Bezeichnung des Bauvorhabens auf dem Lageplan angegeben?	○	○
Ist der Maßstab angegeben?	○	○

Was Sie über die Baubeschreibung wissen sollten

	Ja	Nein
Ist die Baubeschreibung kundenfreundlich und leicht zu handhaben?	○	○
Sind die Formulierungen für jeden Laien zu verstehen?	○	○
Ist die Baubeschreibung klar und sachlich gegliedert?	○	○
Umfaßt die Baubeschreibung alle Standardleistungen?	○	○
Sind die Sonderwünsche getrennt von der Standardleistung aufgeführt?	○	○
Sind die einzelnen Sonderwunschleistungen zu Paketen zusammengefaßt?	○	○

Was Sie über Grundrisse und Ansichten wissen sollten

	Ja	Nein
Sind die Grundrisse im Maßstab 1 : 50 gezeichnet?	○	○
Sind die Grundrisse farbig angelegt?	○	○
Sind Möbel eingezeichnet?	○	○
Bleiben genügend Freiräume, um die Freizügigkeit der Zimmer zu erkennen?	○	○
Sind die Grundrisse komplett (bestehend aus Keller-, Erdgeschoß-, Obergeschoß- und, wenn vorhanden, Dachgeschoßgrundriß)?	○	○
Ist jedes Zimmer bezeichnet?	○	○
Ist für jeden Raum die Wohnflächengröße angegeben?	○	○
Steht der Maßstab auf den Plänen?	○	○
Gibt es Grundrisse ohne Einzeichnung von Möbeln?	○	○
Sind die Ansichten komplett (Vorder-, Rück-, zwei Seitenansichten, Schnitt und Draufsicht)?	○	○
Sind die Ansichten 1 : 100 gezeichnet?	○	○
Sind die Ansichten kundenorientiert gezeichnet?	○	○

Was Sie über Preislisten wissen sollten

	Ja	Nein
Bestehen für die einzelnen Neubauvorhaben getrennte Preislisten?	○	○
Gibt es vorgedruckte Formblätter „Preisliste“ mit einheitlichem Erscheinungsbild?	○	○
Stehen die Hausnummern und die Grundstücksgrößen auf der Preisliste?	○	○
Enthalten die Verkaufspreise alle Standardleistungen entsprechend der Baubeschreibung?	○	○
Sind die Preise für die Sonderwunschpakete angegeben?	○	○
Werden bei einzelnen gebrauchten Objekten den Nachfragern die Preise im Anschreiben mitgeteilt?	○	○

Was Sie über Referenzlisten wissen sollten

	Ja	Nein
Bestehen getrennte Listen für Neubauprojekte und gebrauchte Immobilien?	○	○
Sind die Eigentümer mit der Weitergabe ihrer Daten einverstanden (schriftliche Einverständniserklärung)?	○	○
Enthalten die Referenzlisten Namen, Wohnort und Straße der neuen Eigentümer?	○	○
Sind die wichtigsten Kriterien wie Art des Objektes, Baujahr, Grundstücksgröße angegeben?	○	○
Werden die Referenzlisten ständig auf dem neuesten Stand gehalten?	○	○

Was Sie über die Präsentationsmappe wissen sollten

	Ja	Nein
Ist für jeden Verkäufer ständig eine Präsentationsmappe von jeder im Verkauf befindlichen Immobilie griffbereit?	○	○
Machen die Mappen immer einen sauberen und gepflegten Eindruck?	○	○
Sind folgende Verkaufshilfen in der Präsentationsmappe enthalten:		
- Lageplan	○	○
- Baubeschreibung	○	○
- Grundrisse und Ansichten	○	○
- Preisliste	○	○
- Referenzliste	○	○
- Farbfotos 13 x 18 cm	○	○
- Unabhängige Zeitungsberichte	○	○
- Finanzierungspläne	○	○
- Infos über Steuervorteile	○	○
- Angaben über die Infrastruktur	○	○

Epilog: Landung in Frankfurt

„Irgendwie kann ich es noch nicht glauben.“ 14 Tage Kalifornien lagen hinter Norbert E. „Ich bin wirklich schon wieder in Frankfurt – wie schnell die Zeit verging“, dachte er. Er kehrte mit einem lachenden und einem weinenden Auge zurück: Zum einen gestatteten die zwei Wochen, die Norbert E. Zeit hatte für San Francisco, Los Angeles und die Fahrt über den Highway No. 1, ihm nur ein „Ankratzen“ des wohl interessantesten Bundesstaates der USA.

„Eins ist sicher, in Kalifornien war ich nicht das letzte Mal!“ Zum anderen aber war er doch gespannt, was ihm Bernd Hellmund für Neuigkeiten aus dem Büro mitbringen würde: Welche Objekte beurkundet und was neu in den Verkauf genommen worden war, was aus den zwei noch nicht geklärten Finanzierungen geworden war und ob alle reservierten Immobilien auch beurkundet werden konnten und – ja, und vieles mehr interessierte ihn. Norbert E. freute sich auf sein Team – und auf seinen Freund Bernd Hellmund.

Die große Flughafen-Uhr zeigte 20.10 Uhr. „Da kann Bernd nichts sagen – pünktlicher geht es wirklich nicht“, stellte Norbert E. fest.

Sie wollten sich gegen 20.15 Uhr an der kleinen Flughafenbar schräg hinter dem „Meeting Point" treffen. Jetzt konnte er das Stehcafé schon sehen. Und auch Bernd Hellmund. Wie aus dem Ei gepellt stand er da: topgestylter Haarschnitt, dunkelgrauer Zweireiher und obligatorische englische Clubkrawatte.

„Der wird Augen machen, wenn er mich sieht", freute sich Norbert E. „Ich mit meinen langen von der Sonne gebleichten Haaren, meinem 14-Tage-Bart, dem roten Freizeithemd, den verwaschenen Jeans auf der braunen Haut!"

Die Begrüßung war herzlich. Jeder hatte viel zu erzählen. Norbert E. schwärmte von Kalifornien, erzählte von den freundlichen Leuten, die er kennengelernt hatte, den umwerfenden Landschaften entlang des Highway No. 1 und von San Francisco, der „schönsten Stadt der Welt". Fast zwei Stunden lang.

Bernd Hellmund informierte ihn dann relativ kurz über das Wichtigste aus dem Büro: Mehrere Notarverträge wurden abgeschlossen, einige gebrauchte Häuser neu in den Verkauf genommen, Finanzierungen abgeklärt und neue Reservierungen gemacht. „Alles wie gehabt", schloß Bernd Hellmund seinen kleinen Vortrag: „Wir sind auf Erfolgskurs!"

Ja – Norbert E. hatte es geschafft. Sich Ziele gesetzt – sich motiviert – hart gearbeitet – richtige Entscheidungen getroffen und etwas erreicht.

Norbert E. hatte sein Leben in die Hand genommen und sein Glück gemacht.